中国科协全国学会工作指导系列

U0454058

科研活动常用协议
范本汇编

中国科协学会服务中心　编著

知识产权出版社
全国百佳图书出版单位
—北京—

图书在版编目（CIP）数据

科研活动常用协议范本汇编 / 中国科协学会服务中心编著 . -- 北京：知识产权出版社，2022.6

ISBN 978-7-5130-8178-8

Ⅰ . ①科… Ⅱ . ①中… Ⅲ . ①科研活动—合同—范文—汇编—中国 Ⅳ . ① D923.6

中国版本图书馆 CIP 数据核字（2022）第 086155 号

内容提要

本书旨在帮助读者了解科研活动及其成果有关的知识产权保护的相关协议，以提升合同管理水平，防控法律风险。本书提供了 36 份协议范本，内容覆盖技术开发、技术咨询、技术服务、科技成果转化、商业秘密保护、科技期刊管理、人员管理、展会举办及知识产权委托代理等常见业务事项，希望为各全国学会、会员机构及广大科技工作者开展科研活动提供有益参考，以促进科研活动及科技成果转化实施。

责任编辑：高　源		责任印制：孙婷婷	
执行编辑：吴　烁		封面设计：乾达文化	

科研活动常用协议范本汇编

KEYAN HUODONG CHANGYONG XIEYI FANBEN HUIBIAN

中国科协学会服务中心　编著

出版发行：知识产权出版社有限责任公司	网　　址：http://www.ipph.cn	
	http://www.laichushu.com	
电　　话：010-82004826		
社　　址：北京市海淀区气象路50号院	邮　　编：100081	
责编电话：010-82000860转8768	责编邮箱：laichushu@cnipr.com	
发行电话：010-82000860转8101	发行传真：010-82000893	
印　　刷：北京中献拓方科技发展有限公司	经　　销：新华书店、各大网上书店及相关专业书店	
开　　本：710mm×1000mm　1/16	印　　张：14.25	
版　　次：2022年6月第1版	印　　次：2022年6月第1次印刷	
字　　数：220千字	定　　价：68.00元	

ISBN 978-7-5130-8178-8

前　言

　　科学研究是指为了增进知识（包括关于人类文化和社会的知识）及利用这些知识去发明新的技术而进行的系统的创造性工作。科研活动作为探索未知世界及发明新技术的创新活动，在实现科技自立自强、促进科技经济融合、建设科技强国上发挥着至关重要的作用。正如习近平总书记所强调，"科技成果只有同国家需要、人民要求、市场需求相结合，完成从科学研究、实验开发、推广应用的三级跳，才能真正实现创新价值、实现创新驱动发展"❶。科研活动面临着很多风险，既有科研活动自身性质所带来的技术、市场风险，如科技创新不确定性高、可预测性差、创新端和需求端信息不对称等，也有因复杂的法律关系所引发的法律风险，其中科技成果归属、技术转移转化、保密及竞业限制等均为法律风险高发领域。科研活动协议贯穿科学研究、实验开发、转移转化全过程，是约定各方权利义务、合理分担各类可能风险和规范开展科研活动的重要法律工具。根据中国科协学会服务中心日常法律咨询及调研，科学、规范、合理的协议范本毫无疑问是全国学会、会员机构及科技工作者开展科研活动最为紧缺、最为重要和最为渴望的法律武器。

　　为深入贯彻习近平总书记在中国科学院第二十次院士大会、中国工程院第十五次院士大会和中国科学技术协会第十次全国代表大会上的重要讲话精

<hr>

❶　北京市习近平新时代中国特色社会主义思想研究中心.推动全球科技创新协作［EB/OL］.（2021-11-11）［2021-03-15］. https://m.gmw.cn/baijia/2021-11/11/35303132.html.

神，肩负起党和政府联系科技工作者的桥梁和纽带的职责，提高全国学会、会员机构及科技工作者科研活动法律风险防控意识与能力，服务高水平科技自立自强，2021 年中国科协学会服务中心把深入贯彻全面依法治国新理念、新思想、新战略与中国科学技术协会事业发展紧密结合，组织开展"科研活动常用协议范本"汇编项目。先后蹲点调研 10 余家全国学会，梳理科研活动高频法律问题，结合近 4 年全国学会法律咨询痛点、难点，吸收 2021 年全国学会法律服务案例研究成果，检索分析科研领域典型案例及裁判文书，征求全国学会代表、科技工作者代表及法律专家的意见，反复修改后形成本书最终内容。

与科研活动关系最密切的协议是技术协议，技术协议调整或规范研发活动及科技成果转化活动。除此之外，还有围绕技术协议的一些外围为科研活动提供支持和服务的协议，包括内部项目管理、人员管理、知识产权保护、外部交流合作等活动涉及的协议。根据协议涉及的内容，可以把和科研活动相关的协议划分为两大类：一类是与研发活动或技术成果转化相关的技术协议，另一类是与对内及对外管理活动相关的协议。本书覆盖全国学会、会员机构及科技工作者技术开发、技术咨询、技术服务、科技成果转化、商业秘密保护、科技期刊管理、人员管理、展会举办及知识产权委托代理等常见业务事项，共计 36 份协议范本，并从协议标的、数量、失败风险、知识产权归属、瑕疵担保、保密条款等各方面作出法律风险提示，以供各全国学会、会员机构及广大科技工作者开展科研活动时参考使用，不断提升法律风险识别、预防、控制、解决的意识与能力。

本书虽然尽可能系统梳理和分析科研活动常用协议需要注意的各种法律风险，并将预防和解决措施纳入协议范本，但实践中科研活动面临的问题往往复杂多变，一套范本难以解决所有问题。本书后续将开设专门课堂，由中国科协学会服务中心联合法律专家深入讲解重点协议的详细操作方法，有关具体详情请关注"科技工作者之家——科技法律传播栏目"。

鉴于我国法律法规体系宏大、修改频繁且协议范本及案例具有时效性，如遇与最新法律法规不一致之处，应以最新规定为准。科研活动法律问题纷繁复杂，具有较强特殊性，本书内容及协议范本仅为一般性建议，只供参考、学习使用，不能作为正式法律意见，在签署协议时请按实际情况选择使用，必要时请咨询法律机构或专业人士。

本书编写组虽倾尽全力力求协议范本的科学性和可操作性，但由于时间及能力有限，难免存在疏漏和不足之处，恳请广大读者朋友批评指正，以便后续对协议范本进一步补充完善。

本书编写组
2022 年 3 月

本书使用说明

为便于读者掌握科研活动协议签署流程及方式，本书先对知识产权、技术协议及协议管理等基础知识进行讲解。本书将科研活动协议分为两大类：一类是技术协议，即与技术研发转化直接相关的协议，包括技术开发协议、技术咨询与技术服务协议、科技成果转化协议等；另一类是科研活动管理相关协议，包括商业秘密人员管理类协议、科技期刊管理类协议、知识产权权属管理类协议等。每类协议均列举出协议范本、使用说明及注意事项等内容。

本书将常见的科研活动协议划分为不同类型，并总结了起草不同类型协议的注意要点。协议范本中预留了供使用者填写协议具体内容的空格，可由使用者根据实际情况进行填写。对于需要特别注意的条款及使用者可能产生疑问的条款，本书采用标注【说明】的方式进行解释，从而方便读者使用。

第一章围绕知识产权及科研活动协议基本概念进行讲解。科研活动协议标的常为技术成果或技术活动，绕不开知识产权和科研活动协议等基本概念。在本章，读者可对知识产权、知识产权法律体系、科研活动协议等基础知识有初步了解。

第二章简要介绍科研活动协议管理制度、管理流程及法律风险防范要点。在本章，读者可获取科研活动协议管理的方法与启示，以提升协议合规管理水平。

第三章详细讲解科研活动常用协议的起草要点和协议范本，为本书最为核心和实用的内容。协议范本覆盖技术开发、技术咨询与服务、科技成果转化、商业秘密保护、商业秘密人员管理、科技期刊管理、知识产权权属管理、展会举办及知识产权委托代理9类事项，共36份常用协议，从协议标的、数量、失败风险、知识产权归属、瑕疵担保、保密条款等各方面作出法律风险提示，供读者参考使用。

特别提示：本书所提供协议范本并不构成正式法律意见，读者应当充分考虑科研活动复杂性与多样性，并根据实际情况和具体需求进行选择、修改，必要时应当听取法律机构或专业人士意见。

目　录

第一章　概述

《中华人民共和国民法典》（以下简称《民法典》）第四百六十四条规定："合同是民事主体之间设立、变更、终止民事法律关系的协议。"可见在法律上，平等民事主体之间签署的合同也可以被称为协议，实践中也经常看到二者混用。但严格来讲，协议的范围一般要大于合同的范围，除了平等民事主体之间的合同之外，协议还包括合同以外的其他法律文件。例如，很多国际条约也被称为协议，但这些不属于合同。实践中，在民事合同领域，合同和协议两个术语经常混用，如"技术开发合同"有时也被称为"技术开发协议"，这并不影响其效力。为求统一，本书基本使用"合同"一词，但保密协议和竞业限制协议仍然使用"协议"一词，因为《劳动合同法》及其司法解释都使用"协议"，而且实践中也多使用"协议"。

合同作为市场主体经营活动的重要组成部分，起着自我规范和预防纠纷的重要作用。在科研活动中，从内部人员管理到外部合作都需要签署一系列合同。本书旨在更好地帮助全国学会、会员机构及科技工作者了解科研活动中常用合同的内容及风险点，给出签订合同过程中的指引，以预防可能的法律风险。

全国学会、会员机构及广大科技工作者从事科研活动都需要通过签订合同来明确利益分配和风险分担等交易规则，以实现交易利益的最大化和交易风险的最小化。因此，本书从基本原理和实用操作指引两个角度，介绍如何处理科研活动常用合同中的法律问题，其核心是如何根据当事人的交易需求及法律环境、交易背景等情况，以最优的方式确定利益分配及风险分担等权利义务内容，进而顺利地完成合同的起草、谈判、签署及履行等工作，最终保障科研活动的顺利开展，尽可能地降低法律风险。

第一节　知识产权概述

一、知识产权保护的重要作用

科技类合同的标的主要包括两类：技术成果和技术活动。例如，技术开发合同的标的一般是技术成果，如新配方、新工艺、新软件、新方法等；技术服务合同或者技术咨询合同的标的一般是技术活动，如技术鉴定、技术检测等。技术成果一般都是知识产权保护的客体，技术活动也和知识产权关系密切，受知识产权法律的调整。例如，技术合同中经常要约定技术成果的归属，一般需要遵循知识产权法律的规定。再如，在科研活动中，经常需要研发团队成员或者商务合作伙伴签署保密协议，目的是保护科研活动中的商业秘密，这也需要遵守知识产权法律的规定。因此，本节先介绍知识产权法律的基础知识，以帮助大家理解技术合同中的很多具体规则。

知识产权保护制度起源于西方，是伴随着工业革命中活跃的科技创新活动发展起来的。随着科学技术和经济的迅速发展，人员流动和信息传播越来越频繁，一个人的智力成果很容易被别人模仿、抄袭，如果法律不建立保护规则，就会形成"搭便车"的结果，创新者的研发投资无法得到应有的回报，甚至会导致劣币驱逐良币的竞争结果。这样一来，将会导致很多人不愿意冒着失败的风险去从事创新活动。因此，需要通过法律对智力创新成果进行保护，阻止他人的抄袭模仿，让创新者独享其创新成果的市场，以此来激励其创新积极性。工业革命以来科技和文化的创新和繁荣，证明了知识产权保护制度的重要性。

我国是在改革开放以后逐渐引入知识产权保护制度的，最初目的是营造良好的营商环境，以引进国外先进技术和投资。随着我国自身创新能力的不断提升，我国的知识产权保护制度越来越注重利用知识产权保护来激励人们的创新积极性、提升企业甚至整个国家的核心竞争力。2018 年中国科学院第十九次院士大会、中国工程院第十四次院士大会上，习近平总书记指出："我们比历史上任何时期都更接近中华民族伟大复兴的目标，我们比历史上任何时期都更需要建设世界科技强国！"2020 年 11 月 30 日，习近平总书记在主持中央政治局第二十五次集体学习时强调："知识产权保护工作关系国家治理体系和治理能力现代化，关系高质量发展，关系人民生活幸福，关系国家对外开放大局，关系国家安全。全面建设社会主义现代化国家，必须从国家战略高度和进入新发展阶段要求出发，全面加强知识产权保护工作，促进建设现代化经济体系，激发全社会创新活力，推动构建新发展格局。"习近平总书记还指出："创新是引领发展的第一动力，保护知识产权就是保护创新。"2021 年 9 月 22 日，中共中央、国务院印发了《知识产权强国建设纲要（2021—2035 年）》，明确加强知识产权保护是提高国家经济竞争力最大的激励，提出了建设中国特色、世界水平的知识产权强国的总体目标。

全国学会作为各个技术领域创新人才的社团组织，是我国最重要的科技创新群体，知识产权法律对于其从事的创新活动非常重要。因此，全国学会和广大科技工作者需要了解并充分利用知识产权规则，保护好自己的创新成果，同时还要尊重他人的知识产权，成为知识产权合规的典范。

二、知识产权保护客体

知识产权保护客体为智力成果，这些智力成果分别体现为发明创造、作品、技术信息、数据库等。若对这些智力成果进行研究，不难发现其本质是信息。知识产权保护制度就是对智力创新成果赋予一种专有性的权利，禁止其他人模仿、抄袭等。法律之所以要将"自由"的信息转变为属于创造者的财产，是出于实现特定公共政策的需要，通过保护创新者的利益来激励社会的创新活动。

根据《民法典》规定，民事主体对作品、发明、实用新型、外观设计、商标、地理标志、商业秘密、集成电路布图设计、植物新品种及法律规定的其他客体依法享有知识产权。接下来本书将逐一分析这些保护客体的特点，以方便科技工作者及时将自己的创新成果寻求法律保护，创新成果也只有在获得知识产权后才可以进行转移转化。

（一）作品

根据《中华人民共和国著作权法》（以下简称《著作权法》）的规定，作品是指文学、艺术和科学领域内具有独创性并能以一定形式表现的智力成果。受著作权保护的作品必须具备独创性，需要作品由作者独立构思而成，作品的表达不与他人已发表的作品相同，即不是抄袭、剽窃或者篡改他人作品。作品的独创性是指作品的表达形式，而不是作品所反映的思想、观点或者信息等。例如，科技工作者撰写的学术论文、学术专著、科普作品等都是可以获得著作权保护的作品。

（二）发明、实用新型、外观设计

根据《中华人民共和国专利法》（以下简称《专利法》）的规定，专利权保护的客体是发明创造，包括发明、实用新型和外观设计三种类型。其中，发明，是指对产品、方法或者其改进所提出的新的技术方案；实用新型，是指对产品的形状、构造或者其结合所提出的适于实用的新的技术方案；外观设计，是指对产品的整体或者局部的形状、图案或者其结合以及色彩与形状、图案的结合所作出的富有美感并适于工业上应用的新设计。例如，科技工作者的科技研究成果、新的产品设计、工艺产品的设计等都是可以申请获得专利保护的客体。

（三）商标

商标是将某商品或服务标明是某具体个人或企业所生产或提供的商品或服务的显著标志。《中华人民共和国商标法》（以下简称《商标法》）规定："经商标局核准注册的商标为注册商标，包括商品商标、服务商标和集体商标、证明商标；商标注册人享有商标专用权，受法律保护。"例如，学会的名称和标识、期刊的名称和标识都是可以申请获得商标权保护的客体。

（四）地理标志

地理标志又称原产地标志（或名称），其标志出某商品来源于某成员地域内，或来源于该地域中的地区或某地方，该商品的特定质量、信誉或其他特征主要与该地理来源有关。因此，地理标志主要用于鉴别某一产品的产地，即是该产品的产地标志。一些具有地方特色的农产品或者工业产品可以申请获得地理标志的保护，如西湖龙井、宁夏枸杞、金华火腿等。

（五）商业秘密

《中华人民共和国反不正当竞争法》（以下简称《反不正当竞争法》）规定："商业秘密是指不为公众所知悉、具有商业价值并经权利人采取相应保密措施的技术信息、经营信息等商业信息。"通俗来讲，商业秘密就是权利人不希望其他人知悉的商业信息，权利人可以通过保密措施进行保护，其他人不得通过不正当竞争的方式窃取或者泄露该保密信息。商业秘密是企业的核心竞争力，是企业重要的无形资产，也是企业赢得市场竞争非常重要的"武器"。保密信息要想获得商业秘密保护，除了要满足"不为公众所知悉、具有商业价值并经权利人采取相应保密措施"外，还需要权利人具备一定的举证能力，证明密点和侵权行为成立。这就要求权利人在日常研究阶段做好合规管理，具备证据留存能力。

（六）集成电路布图设计

《集成电路布图设计保护条例》规定："集成电路，是指半导体集成电路，即以半导体材料为基片，将至少有一个是有源元件的两个以上元件和部分或者全部互连线路集成在基片之中或者基片之上，以执行某种电子功能的中间产品或者最终产品。""集成电路布图设计，是指集成电路中至少有一个是有源元件的两个以上元件和部分或者全部互连线路的三维配置，或者为制造集成电路而准备的上述三维配置。"通俗来讲，集成电路布图设计专有权保护的就是集成在半导体芯片中的电路元器件的连接方案。集成电路布图设计虽然在形态上是一种电路布局设计，但著作权和专利权都无法为其提供有效保护，因为著作权的保护只及于表达方式，无法延及产品，而专利权的保护客体必须满足新颖性、创造性和实用性的要求，一般的芯片电路布局设计又达不到这么高的门槛。因此，为了对其提供有效保护，就衍生出集成电路布图设计这种新型的知识产权保护客体。从事集成电路领域研究的科技工作者，在集成电路布图设计方面的成果可以申请获得集成电路布图设计专有权的保护。

（七）植物新品种

《中华人民共和国植物新品种保护条例》（以下简称《植物新品种保护条例》）规定："植物新品种，是指经过人工培育的或者对发现的野生植物加以开发，具备新颖性、特异性、一致性和稳定性并有适当命名的植物品种。"保护植物新品种权，有助于植物新品种的开发和培育。植物育种需要智慧、资金、时间和精力的投入，而培育出来的新品种却易于被别人繁殖，使育种人没有机会收回自己的投资。如果没有相应的制度对育种人给予保护，人们就会失去对植物育种进行投资和研发的动力。从事农林领域研究的科技工作者的一些研究成果，如新的农作物品种、新的蔬菜品种、新的观赏树木品种等可以申请获得植物新品种权保护。

（八）法律规定的其他客体

随着科技和经济的不断发展及知识产权法律体系的不断完善，知识产权保护客体在不断扩张，如集成电路布图设计就是随着信息产业的发展而产生的一种新的知识产权保护客体。未来或许还有新的客体类型将被纳入知识产权保护范围之中，因此法律对于知识产权的客体是持开放态度的。

三、知识产权法律体系

知识产权保护相关的法律法规由一般性法律、知识产权专门性法律法规、科技促进类法律及地方性法规和规章等共同组成。一般性法律包括《民法典》，知识产权专门性法律法规包括《专利法》《商标法》《著作权法》《植物新品种保护条例》《集成电路布图设计保护条例》等，科技促进类法律包括《中华人民共和国科学技术进步法》（以下简称《科学技术进步法》）、《中华人民共和国促进科技成果转化法》（以下简称《促进科技成果转化法》）等。

（一）一般性法律

《民法典》规定了民事主体依法享有知识产权，明确知识产权是权利人依法对各类客体享有的专有权利，并列举了知识产权的客体。另外，《民法典》中虽未专门针对知识产权合同进行规定，但"总则"及"合同编"中大多数原则仍然适用于知识产权合同，尤其是"技术合同"一章的内容和科技工作者科研活动密切相关。同时，《民法典》"合同编"中"技术合同"一章规定了技术成果的归属、合作开发技术成果的归属、技术秘密成果的归属与分享等内容，并给出了技术转让合同、专利实施许可合同、技术秘密转让合同的诸多规范。另外，《民法典》也规定了对于订立合同过程中知悉的商业秘密的保密义务等内容。

（二）知识产权专门性法律法规

我国知识产权立法一直采用民事特别法的立法方式，如《专利法》《商标法》《著作权法》《反不正当竞争法》等法律和《集成电路布图设计保护条例》《植物新品种保护条例》等行政法规。

《商标法》经1982年8月23日第五届全国人民代表大会常务委员会第二十四次会议通过，分别于1993年、2001年、2013年、2019年进行了修正。《商标法》对商标注册的申请，商标注册的审查和核准，注册商标的续展、变更、转让和使用许可，注册商标的无效宣告，商标使用的管理，注册商标专用权的保护分别作出了规定，《中华人民共和国商标法实施条例》作为配套的行政法规，对《商标法》的规定进行了细化。

《专利法》经1984年3月12日第六届全国人民代表大会常务委员会

第四次会议通过，分别于 1992 年、2000 年、2008 年、2020 年进行了修正。《专利法》对专利的权属，授予专利权的条件，专利的申请，专利申请的审查和批准，专利权的期限、终止和无效，专利实施的特别许可，专利权的保护等内容作出了规定，《中华人民共和国专利法实施细则》作为配套行政法规，对《专利法》的规定进行了细化。

《著作权法》经 1990 年 9 月 7 日第七届全国人民代表大会常务委员会第十五次会议通过，分别于 2001 年、2010 年、2020 年进行了修正。《著作权法》对作品的定义，著作权的内容，著作权许可使用和转让合同，著作权和与著作权有关的权利的保护等内容进行了规定，《中华人民共和国著作权法实施条例》作为配套行政法规对《著作权法》的规定进行了细化。

《反不正当竞争法》经 1993 年 9 月 2 日第八届全国人民代表大会常务委员会第三次会议通过，分别于 2017 年、2019 年进行了修正。《反不正当竞争法》主要规范经营者的不正当竞争行为，其中涉及知识产权的内容主要是商业秘密保护和有一定影响的包装、装潢等。

（三）科技促进类法律

为促进科技成果转化为现实生产力，规范科技成果转化活动，加速科学技术进步，推动经济建设和社会发展，我国还专门制定了促进知识产权转化的一系列法律法规，以促进创新资源能够高效配置，推动科技和经济的紧密结合。

《科学技术进步法》自 1993 年 10 月 1 日起施行，分别于 2007 年、2021 年进行了修正。《科学技术进步法》包括总则，基础研究、应用研究与成果转化、企业科技创新、科学技术研究开发机构、科学技术人员、区域科技创新、国际科学技术合作、保障措施、监督管理、法律责任及附则。

《促进科技成果转化法》自 1996 年 10 月 1 日起施行，于 2015 年进行了修正。《促进科技成果转化法》包括总则、组织实施、保障措施、技术权益、法律责任及附则。

（四）地方性法规和规章

保护知识产权一直是中国经济社会发展中的一项重要工作。为了充分发挥知识产权制度在经济发展中的重要作用，实施创新驱动的发展战略和知识产权保护战略，各个地方先后出台一系列地方性法规和规章，因地制宜地为知识产权保护和经济发展作出了贡献。

2019 年深圳出台《深圳经济特区知识产权保护条例》，为全国首部综合类知识产权保护条例，规定在侵权所得收益难以确定的情况下最高罚款500 万元，被称为"史上最严知识产权保护条例"。随后天津出台《天津市知识产权保护条例》，专设行政保护一章，强化了知识产权行政保护力度。

在专利保护领域，各地方针对自身经济发展情况与专利保护水平，发布了一系列地方专利保护条例，旨在激励发明创造，鼓励技术转化，如《北京市专利保护和促进条例》《上海市专利保护条例》《福建省专利促进与保护条例》等。

同样，在商标保护领域，各地方为了保障商标权，发挥商标在市场经济中的积极作用，出台了不少地方商标保护条例、商标保护办法等。

四、知识产权制度的法律定位

（一）知识产权的财产属性

知识产权是一种无形财产权，受到民法的调整。同时，知识产权又是维护公共利益的平衡机制，但这并不影响知识产权的私权属性。

知识产权属于无形财产，具有具体的民事权利，属于私法上的权利。知识产权属于私权，这在《与贸易有关的知识产权协定》序言即有规定。作为财产权的知识产权，其突出表现为权利本位而非义务本位以及尊重权利人的意思自治。

知识产权的财产权属性，说明知识产权法属于民法调整的范围，即调整平等主体之间的权利义务关系。知识产权客体的无形性，导致知识产权保护的困难，即知识产权的保护不能完全等同于其他财产的保护，而是要选择适合知识产权这一无形财产的特殊保护方式。

（二）知识产权的竞争法定位

知识产权作为一类特殊的财产，对其进行法律保护的同时也会出现知识产权人和社会公共利益之间的冲突。为了做到利益平衡，通过一系列法律和政策措施去制约知识产权的不合理扩张和滥用，以缓和利益主体之间的冲突。因此，知识产权法也有维护公平竞争环境的任务。《与贸易有关的知识财产权协定》第七条也表明："知识产权的保护与实施应有助于促进技术革新及技术转让和传播，有助于技术知识的创造者和使用者的相互利益，并有助于社会和经济福利及权利与义务的平衡。"

1. 知识产权属于市场竞争工具

在市场竞争中，权利人拥有法律赋予其一定"垄断属性"的知识产权。知识产权不仅可以提高权利人的市场竞争力，在特定情况下，甚至能够构成其他竞争者进入市场的障碍，这种技术优势能够用来提高竞争者的进入成本或以其他方式阻碍潜在竞争者作出该市场投资的决策。但是，作为竞争工具的知识产权毕竟是中性的，如何运用和管理知识产权才是对市场竞争有着重要影响的指标。

2. 知识产权的竞争政策分析

就知识产权的交易而言，知识产权权利人从效用最大化的目标出发，会尽量利用自己的优势地位。但是，一方面，法律若不对这种优势力量的利用加以节制，就有可能导致排斥竞争、控制价格等现象发生，损害市场正常竞争秩序，进而阻碍社会利益最大化的实现。另一方面，如果过度保护竞争，就会打击权利人的积极性，给社会带来负面影响。因此，在制定知识产权的竞争政策时，需要兼顾这两种作用，才能使知识产权发挥出最强的刺激市场创新的效果。

3. 国家间知识产权竞争的政策分析

在全球一体化的进程下，世界可以视为一个创新自由流动的市场，国家若对知识产权竞争采取不同的政策，则会导致权利人有目的性地选择其经营地和市场。因此，国家在面对知识产权竞争问题时，必须采取及时有效、标准统一的措施，这样才能给予权利人较稳定的可预见性，从而激发社会创造热情，释放创新创业活力。目前，中国法院已经成为世界上审理知识产权案件尤其是专利案件最多的法院，在国际知识产权保护领域的公信力、吸引力、影响力显著提升，外国当事人自愿选择中国作为诉讼地的知识产权案件不断增多，中国正日益成为国际知识产权争端解决的"优选地"。❶

4. 知识产权与营商环境

虽然我国在知识产权保护上起步较晚，但是自从加入世界贸易组织以来，我国在不断提升国内知识产权保护水平，通过大力查处侵权假冒、建立惩罚性赔偿机制、强化司法保护作用、推进跨区域执法协作、失信联合惩戒、创新执法监管方式等各项措施的综合运用，使得我国知识产权保护水平逐渐达到国际化水准。目前，我国已经营造出良好的知识产权营商环境，并在知识产权保护体系、服务体系、海外资源共享方面准备进一步提升与优化。

第二节　科研活动合同概述

一、合同概述

合同是平等的当事人之间订立的设立、变更、终止民事关系的合同。通俗来讲就是双方当事人就某个交易或事项达成的一致意见，事先将交易规则明确下来，以避免事后发生纠纷。例如，技术联合开发合同的双方在合同中约定未来技术成果归双方共有，未来研发成功后双方就会按照合同约定共同拥有该技术成果，或者利用商业秘密进行保护，或者双方共同去申请专利。

---

❶ 天津二中院.中国正日益成为国际知识产权争端解决的"优选地"［EB/OL］.（2019-05-16）［2021-04-15］. https://www.thepaper.cn/newsDetail_forward_3463964.

合同的形式包括书面形式和口头形式，也就是说双方当事人只要达成了合意即可视为订立了合同，既可以是以书面形式记录下来并经双方签字盖章，也可以是口头约定。但由于技术合同内容较为复杂，标的物多为无形的技术成果或者技术信息，为了增强交易可预见性并保障交易安全，技术合同多采用书面形式。《民法典》也规定了几种重要的技术合同应当采用书面形式，如技术开发合同、技术转让合同、技术许可合同等。口头的承诺事后难以证明约定事实的存在，书面承诺则有法可依、有据可寻，促使绝大部分合作者可以规范履行约定义务，从而达成交易双方既定交易目的，降低违约风险，促使社会经济快速高效发展。

签订合同首先要受民法基本原则的规制，主要包括当事人的法律地位平等原则、自愿原则、公平原则、诚实信用原则、民事权益受法律保护原则、合法原则、社会公德和社会公共利益的原则。另外，针对合同签署的特殊性，还要符合合同自由原则、合同正义原则和鼓励交易原则。合同自由原则，是指当事人在法律规定的范围内，就与合同有关的事项享有选择和决定的自由，具体体现为：缔约自由、选择相对人的自由、决定合同内容的自由、变更或解除合同的自由以及选择合同形式的自由。合同正义原则，要求交换正义，即给付与对待给付之间具有等值性及风险的合理分配。鼓励交易原则，是指鼓励合法正当交易、鼓励自主自愿交易、鼓励能够实际履行的交易。我国调整合同关系的最重要的法律为《民法典》，其中的合同编规定了合同订立、合同的效力、合同的履行、合同的保全、合同的变更和转让、合同的权利和义务终止等规则。

二、科研活动常用合同

与科研活动关系最密切的合同是技术合同。除此之外，还有围绕技术合同的一些外围合同，包括内部项目管理、人员管理，知识产权保护、外部交流合作等活动涉及的合同。根据合同涉及的内容，可以把和科研活动相关的合同划分为两大类：一类是与研发活动或技术成果转化相关的技术合同，另一类是与对内及对外管理活动相关的合同。每个大类下面又可以根据合同内容分成若干小类，具体如图 1.1 所示。

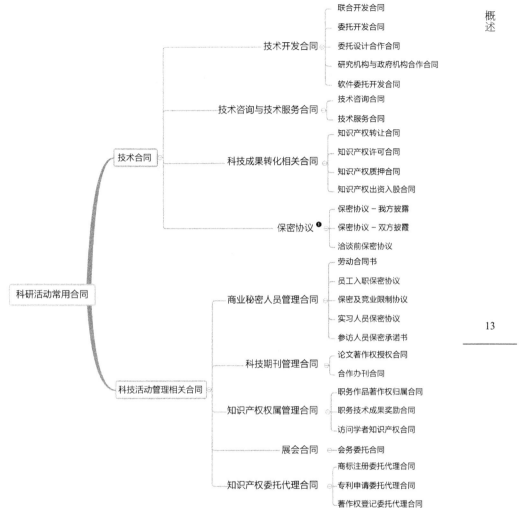

图 1.1　科研活动常用合同

---

❶　科研活动中涉及国家秘密的，应当按照主管部门的要求进行管理与使用。保守国家秘密对于企事业单位来说是应尽的义务，而非民事权利，所以本书暂不讨论涉及国家秘密保密的相关内容。

三、技术合同概述

《民法典》第八百四十三条规定："技术合同是当事人就技术开发、转让、许可、咨询或者服务订立的确立相互之间权利和义务的合同。"根据这一定义，一般可以将技术合同分为技术开发合同、技术转让合同、技术许可合同、技术咨询合同、技术服务合同。本书根据实践中可能用到的合同类型，增加了知识产权作价入股合同、知识产权质押融资合同、保密协议等类型，方便读者一并了解。技术合同相比其他合同具有自己明显的特点。首先，技术合同内容与技术活动密切相关，其标的多为技术成果或者技术活动，复杂度高，因此往往需要一个合格的认定标准；其次，技术合同履行的期限一般比较长，环节多，因此交易结构较为复杂；再次，技术合同风险可控性差，技术研发活动失败风险高，结果的可预期性差，因此需要设计较为复杂的付费、终止、瑕疵担保等条款，让各方合理分担风险，保证交易的达成；最后，技术合同特有条款多，如技术清单、成果归属、奖励报酬、后续技术改进、侵权风险分担、保密等特殊条款。

（一）技术开发合同

《民法典》第八百五十一条规定："技术开发合同是当事人之间就新技术、新产品、新工艺、新品种或者新材料及其系统的研究开发所订立的合同。"根据当事人之间的关系，技术开发合同又可以细分为委托开发合同和合作开发合同。

委托开发合同是由一方当事人提供研发需求或者研发方案，并负担全部或者部分研发费用，由另一方当事人负责进行研究开发，并达到预期的研发目标。在校企合作中，委托技术开发合同比较常见。一般是学校或者科研院所接受企业的委托，帮其解决技术难题或者实现技术升级。

合作开发合同是由合同各方当事人共同开展研发活动，根据约定共同承担研发成本，共享研究成果，共担风险。

另外，研究机构接受政府机构的委托开展的研发活动是一类比较特殊的研究活动，也就是研究机构中俗称的"纵向课题"，研究任务和研究经费多是由政府主管部门下达的，其成果的权利归属及利益分配规则、费用的使用规定等都与普通合同不同。此类合同除了受合同相关法律规范外，还受很多政策的限制。

（二）技术咨询与技术服务合同

技术咨询合同是当事人一方以技术知识为对方就特定技术项目提供可行性论证、技术预测、专题技术调查、分析评价报告等所订立的合同。顾问方向委托方提供专业咨询意见，而委托方向顾问方支付相应的咨询服务费。例如，关于某一项目的可行性论证、某一技术领域的技术发展趋势预测、某一技术领域的技术竞争状况分析等的合同均属于技术咨询合同。

技术服务合同是当事人一方以技术知识为对方解决特定技术问题所订立的合同。例如，某研究机构接受企业委托，对其生产工艺进行调试以解决正品率问题；或者某检测机构接受企业委托，对其样品进行检测并出具检测报告。有时候技术服务与技术咨询的界限并不清晰，有些科研活动既可以签署技术服务合同也可以签署技术咨询合同。

（三）科技成果转化相关合同

科技成果转化过程中主要涉及技术转让合同、技术许可合同、知识产权作价入股合同等，本书把知识产权质押融资合同也归为科技成果转化的一种类型，因为现在实务界多将专利质押融资作为专利实施运用的一种重要方式，各级政府也出台了各种支持政策推进专利的质押融资，以解决科技型创新企业融资难的问题。

技术转让合同一般指将技术对应的知识产权转让给合同对方当事人，即知识产权权属的变更。而技术许可合同指技术使用权的让渡，如将自己的专利权或者植物新品种权的使用权给对方当事人，即允许对方按照合同约定实施自己的专有技术。知识产权作价入股是指按照公司法的规定，将知识产权中的经济权利作为无形资产去设立公司或者增资到某个公司，即将知识产权转让给目标公司，成为公司的无形资产，也意味着该知识产权所有权的转移。质押融资合同是指以知识产权作为担保物，对权利人或者第三方的债务进行担保的合同。例如，知识产权权利人希望从银行贷款，可以将自己的专利权质押给银行，以此为条件获得银行的贷款；如果权利人日后不能偿还银行贷款时，银行可以请求人民法院拍卖该出质的专利权来偿还权利人的债务。

（四）保密协议

科研活动过程中涉及很多商业秘密，无论是接触到商业秘密的项目组成员，还是对外合作过程中的商务合作伙伴，都需要签署保密协议，以保护研发活动中产生的商业秘密。保密协议为接触或者掌握商业秘密的人员设定了保密义务，为事后泄密行为发生后的追责设立了法律依据。如果没有保密协议规定的保密义务，就无法让泄密者依法承担法律责任。

商业秘密是指不为公众所知悉、具有商业价值并且经权利人采取了相应的保密措施的技术信息、经营信息等商业信息。科研活动中的研发方案、设计方案、实验数据、实验报告、产品配方、生产工艺等都属于技术秘密保护的对象，要想获得法律保护，还需要对其采取保密措施，这时才能够符合法律规定的商业秘密的要件。签署保密协议就是采取保密措施的一种方式。

四、科研活动管理相关合同概述

（一）商业秘密人员管理合同

科研活动中项目管理非常重要，其中非常重要的一项内容就是保密管理。一项技术创新成果要想获得知识产权保护，很多情况下都要满足新颖性的要求，如获得专利保护或者植物新品种保护都有新颖性的要求。因此在提交专利申请或者植物新品种申请前，应当让这些成果处于不为公众所知悉的状态，即要采取保密措施。此外，如果科研活动没有采取保密措施，其创新成果遭受竞争对手不正当手段窃取时，也无法按照《反不正当竞争法》的规定获得商业秘密的保护。如果一项科研成果不能获得法律有效保护，则无法保证市场独占权，该成果的市场价值将会大打折扣。因此，科研项目首要任务就是做好保密工作。保密工作的核心内容就是做好相关人员的管理，因为所有的泄密行为都是人的行为。

相关人员包括项目组成员、实习人员、外来参访人员等，涉及的合同包括劳动合同、保密协议、竞业限制协议、外来参访人员保密承诺书、实习人员的保密协议等。

（二）科技期刊管理合同

科技期刊出版过程中会经常与投稿的作者签订著作权合同，广大科技工作者发表文章也会与期刊出版社签订著作权合同，其中涉及著作权及稿酬的约定，此类合同也是科研活动中经常用到的合同。此外，有些期刊是两家或者多家单位共同出版的，联合办刊合同也是条件比较复杂的合同，包括期刊名称、标识的知识产权归属问题，利益分配问题等，处理好这些问题，才能有效规避可能的法律风险。

（三）知识产权权属管理合同

科研活动最重要的目标就是获得最终的创新成果，这也是价值最高的部分。一个项目组完成一项研发任务后，其成果归属于成果完成人还是项目组所在单位，法律是有规定的，即《民法典》合同编及《专利法》《著作权法》中关于职务技术成果和职务作品的相关规定。法律的规定尊重约定优先的基本原则，因此科研项目承担单位应当和其研发人员在合同中约定清楚未来研发成果的归属，以及后续的利益分配办法，以避免可能发生的纠纷。

除了与内部研发人员约定权利归属及利益分配规则，研发项目组还需要与外部合作方解决权属及利益分配的问题，这部分内容本书在技术开发合同部分进行介绍，主要通过联合开发合同、委托开发合同、委托设计合同、软件开发合同等进行约定。

（四）展会合同

很多学会需要举办本行业的展览会或者展销会，展会的会务工作一般会委托专业的会务公司来办理，此过程中就要签署委托办会合同。如果是定期举办的展会，经过长时间的经营会在行业内产生很强的权威性和公信力，会议的名称和标识也会因为这种权威性和公信力而成为一种无形资产，因此一方面要规范这种名称和标识的使用，另一方面也要和会务公司约定清楚这些无形资产的权利归属和利益分配，以避免纠纷，同时维护无形资产的市场价值。

（五）知识产权委托代理合同

项目研究成果要想获得知识产权的保护，需要符合相关知识产权法律法规规定的条件，另外有些知识产权（如专利权、植物新品种权、集成电路布图设计专有权等）需要按照法律规定撰写申请文件，经过主管部门的审查合格后才能获得相应的知识产权。以专利为例，将来所获得的专利权的保护范围有多大，有很大一部分因素取决于申请文件的撰写质量。很多情况下，研发单位要委托知识产权中介服务机构来代为撰写和提交申请文件，以保证知识产权布局的质量。

为了帮助研发机构及研发人员顺利地签署知识产权委托代理合同，本书梳理了此类合同签署中需要注意的问题，并拟定了相应的合同模板，供广大科研工作者及其所在单位选用。

第二章 科研活动合同管理

第一节 合同管理制度

在合同管理职责分工方面，有条件的科研管理机构需要通过制度明确横向各部门的合同管理职责，以及纵向不同层级人员的合同审核重点，以确保各部门及各层级人员管理职责清晰，无交叉和遗漏。对于设有法务部或法务岗的单位，建议由法律部门或专门的法务人员负责制定和完善公司合同管理的相关制度和流程，参与重大合同的可行性研究、招投标、商务谈判，并致力于推动合同全过程管理，建立和完善合同履行监控机制，提出合同管理信息化需求，推进合同管理电子化，形成合同闭环管理。

科研管理机构可以根据实际情况搭建合同管理制度体系。具体而言，包括合同的基础制度、特殊类型合同的管理制度和专项合同管理制度。制度体系的层级和制度的数量取决于机构自身的合同数量、类型是否繁多，以及机构对合同管理的具体需求。

第二节 合同管理流程

合同管理流程大体分为串行审批和并行审批两种，前者是指合同承办部门、审查部门、领导按照串行的方式审批合同，一个审查环节结束，下一个审查环节才能开始；后者是指各审查部门以并行的方式同时对一个合同进行审查，在各审查部门对合同均同意签署的情况下，再由领导对合同进行最后的审批，任何一个审查部门对合同内容有修改意见，合同都将被退回到承办部门修改，完善后重新提交审批。从审查效率的角度比较两种审查方式，在合同起草质量较高、合同退回概率较小的情况下，并行审批的效率更高。除了常规流程以外，还可以设置合同预审流程和批量审批流程等特殊的审批流程，以作为普通流程的补充。

剖析合同流程，可以发现每一个合同都需要经历合同准备、起草、审核、签订、履行、归档的全过程，下面对其中四个环节简要展开介绍。

一、合同准备

合同准备阶段的第一个重点内容是选择合格的合同相对方，通过制度规定有针对性地审核各类合同主体应当具备的通用资质和特殊资质，确保合同相对方当事人在实体方面满足履行合同的资格条件。合同相对方为法人时，核对该法人营业执照，查询"国家企业信用信息公示系统""裁判文书网""中国执行信息公开网""人民法院诉讼资产网"或者"启信宝""企查查"等网站，核实确认其注册资本、经营范围，是否依法注册、是否存在涉诉及被列入失信被执行人等可能影响合同效力及合同履行的情形。合同相对方为自然人（中国公民、外国人、无国籍人）时，查看该自然人的有效身份证明文件，如身份证，户口本等，核实确认其民事权利能力及民事行为能力，并将该身份证明文件附在相应合同之后，以便日后双方产生争议时确定当事人身份信息。该自然人系年满 18 周岁或年满 16 周岁不满 18 周岁且以自己的劳动收入为主要生活来源的完全民事行为能力人时，有权独立签署合同；该自然人系年满 8 周岁的未成年人或不能完全辨别自己行为的成年人的限制民事行为能力人时，仅有权签署与其年龄、智力、精神健康状况相适应的合同；该自然人系不满 8 周岁的未成年人或不能辨认自己行为能力的成年人的无民事行为能力人时，无权独立签署合同，应由其法定代理人代为签署合同。合同对于当事人资质有要求时，需要提前调查核实其是否满足相应的资质，防止因不符合资质导致合同无效、合同目的无法实现，甚至因此而承担相应的责任。具体的查询渠道包括要求合同相对方出具资质证据、到该资质的公示管理网站进行验证查询并要求当事人出具承诺函等。当合同相对方为其他民事主体时，如是机关法人应确认其组织机构代码证是否真实合法有效；如是事业单位法人应确认其事业单位法人证书是否真实合法有效；如是社会团体法人应确认其社会团体法人登记证书是否真实合法有效等。在采购方面，对合同相对方的选定程序进行细化和界定，并在招投标过程中严格执行资格预审，不具备资质条件的先行淘汰；在合同管理系统中设置资信分级标记功能，通过标注黑名单或灰名单，禁止或提醒经办人与该合同相对方签署合同，确保选择合同相对方当事人的程序合法合规。

合同准备的第二个重点内容是合同示范文本管理。较为高效的做法是建立合同示范文本制度，每年定期和不定期地对合同范本库中的合同范本进行修订完善，开发合同示范文本审查流程，要求所有职能部门和承办部门都参与对示范文本的会签，确保示范文本的内容满足科研管理机构各个方面的管理要求。本书的目的之一也是提供一批可供参考、使用的科研活动中常用的合同范本，以充实各个科研管理机构的合同范本库。

合同准备的第三个重点内容是承办人的法律知识储备。为了保障合同签署的牵头人、审核人知法用法，各单位需要持续地对所有参与合同签署的员工进行培训。特别是对于科研机构等科技型单位，科研活动的牵头人往往不具有专门的法律知识和知识产权知识，因此应当着重对其进行培训、辅导。

二、合同审核

合同审核是合同管理过程中最为重要的一项内容，其目的是通过业务部门（如技术部门）及职能部门（如法律部门）的专业审核，对合同前置的审批流程及约定的条款内容进行全面把关，防范合同风险。为了统一审查标准，科研管理机构应当制定详细具体的合同审查标准和规范，细化合同审核的要点，为公司合同审查人员日常审核合同提供统一、规范的标准、依据和指引。为了保证横向各部门和纵向各层级人员的审核职责没有遗漏，法律人员可以充分利用信息化手段，将各部门和各层级人员的审查职责固化到合同管理系统（或者 OA 系统）中，通过系统强制审查人确认必审事项已经审核。此外，合同审核时限是承办部门最为关心的，为了保证合同审查效率，法务人员可以在合同管理系统中设置审核时间的提醒功能，对超时、未审结的合同，系统自动设置向审查人及相关领导发送提醒短信或邮件，以督促审核任务的及时完成。

三、合同签订

合同的签字人理论上应是单位的法定代表人，其他人员在合同上签字，应当取得法定代表人签署的授权。授权的范围一般根据合同类别、合同数量、合同金额的情况具体确定。授权方式上，一般采取领导职务任期内授权、领导年度授权和特殊情形一事一授权的授权方式，兼顾了普遍性和特殊性。

在合同用章方面，传统的盖章方式是使用物理章加盖在合同的签字页上。随着《中华人民共和国电子签名法》的颁布和电子技术的普及，电子印章的使用越来越广泛，对提高用章效率、节约用章成本具有积极价值，值得推广使用。同时，电子印章系统还有防篡改、防复制和自动控制盖章份数的功能，较好地防范了常见的印章风险。

四、合同履行

合同履行是合同管理过程中最难控制的环节，具有管理人员分散、履行数据不易采集、履行偏差原因复杂等特点。有条件的单位可以借助信息化手段客观、准确、全面地反映合同的履行过程，并通过数字对比实现必要的统计分析。此外，还可以通过固化流程的方式，设置合同在履行中发生变更、补充、终止的专门通道，实现上述合同与原合同的关联。对临近履行期满的合同设置系统自动提醒，便于承办人提前做好谈判和签约的准备。对于不具备电子化系统的科研管理机构，则需要设置专门的人员进行合同管理，要求合同牵头负责人与该专门人员一起对合同的履行情况进行监督和反馈。

第三节　合同风险防范要点

合同风险是合同中的不确定因素，它是业务风险、资信风险和外界环境风险的集中反映和体现。合同风险防范工作主要从以下八个方面展开。

第一，在谈判前应当收集对方的资料，充分熟悉对方情况，做到知己知彼；深度考察对方的真实意图，以便在项目谈判中取得有利地位。

第二，关注合同核心内容、条款和细节，具体包括合同标的的数量、质量或技术标准，合同价格的确定方式与支付方式，履约期限和方式，知识产权权属，保密，违约责任和争议的解决方法，合同变更或解除条件等，每一个条款都要斟酌。

第三，要特别注意双方的权利义务条款，防止合同相对人加重我方责任、推卸自己责任。

第四，研究国家相关法律法规、行业监管、产业政策、同类产品或服务价格等与谈判内容相关的信息，正确制订谈判策略。

第五，对专用条款的设定要着重审核必要性。因为通用条款往往对于权利义务、程序的规定较为详细、公正，而专用条款则往往偏向于维护合同强势方的利益。

第六，加强保密工作，严格执行责任追究制度，对谈判过程中的重要事项和参与谈判人员的主要意见，予以记录并妥善保存。

第七，每次合同谈判会上应派专人作文书记录，于会议结束时做成会议纪要，由双方签字确认，对于双方已签字确认的内容不允许变更，以巩固谈判成果、避免时间和精力的浪费。

第八，对合同双方交互的信息全程留痕，适当运用互联网存证等技术手段，以保证在发生纠纷时有足够的举证能力。

第三章　科研活动常用合同范本

第一节　技术合同

一、技术开发合同

（一）起草合同关注要点

技术开发合同是当事人之间就新技术、新产品、新工艺、新品种或者新材料及其系统的研究开发所订立的合同。技术开发合同包括委托开发合同和合作开发合同。技术开发合同的内容一般包括项目的名称，标的的内容、范围和要求，履行的计划、地点和方式，技术信息和资料的保密，技术成果的归属和收益的分配办法，验收标准和方法，名词和术语的解释等条款。与履行合同有关的技术背景资料、可行性论证和技术评价报告、项目任务书和计划书、技术标准、技术规范、原始设计和工艺文件，以及其他技术文档，按照当事人的约定可以作为合同的组成部分。

技术开发合同重点需要关注以下条款：

瑕疵担保条款：本条款主要解决合作方交付成果后或过程中存在侵犯第三方知识产权的情形。在技术开发合同中应当明确知识产权侵权等责任的承担问题，避免带来法律纷争。

验收条款：在订立技术开发合同过程中，当事人应当约定科学、正确的技术标准及验收方法。这样不仅可以保证合同适当履行的标准，也可以保障当事人的合法权益。常用的验收标准包括既有标准和约定标准，其中既有标准包括国家标准、行业标准、团体标准、地方标准、企业标准等（注意不得使用已经淘汰的技术标准），约定标准为当事人双方认可的技术标准。另外，对于重大复杂的技术项目，双方可以约定专家评议、专业机构检测、委托方检测等方式进行验收。

保密条款：在技术合同中需要披露保密信息的，应当设置基础保密条款，并与对方单独签署《保密协议》，《保密协议》需要明确以下4个要点。其一，明确保密的内容和范围，即应当在合同中明确界定哪些"技术信息"和"经营信息"属于商业秘密，避免笼统地将所有技术或信息约定为商业秘密。其二，明确需保密人员及接触秘密的人员。其三，明确保密的方式方法及相关资料的处理。其四，明确保密的期限及违反保密义务的违约责任等。

权利归属条款：双方最好根据项目情况对将来技术成果的权利归属进行约定，如果没约定，将依照《著作权法》《专利法》等相关规定来确定技术成果的权利归属。除了关注本项目成果的权属约定外，还需关注未来后续改进技术成果的归属。

侵权责任承担条款：不同于权利瑕疵担保条款，此条款主要用来解决权利归属一方或双方共享后，另一方未经对方同意私自转让或授权他人使用等问题。

（二）合同范本

联合开发合同

甲方：【说明】写明名称、机构代码、地址、联系人、联系方式

乙方：【说明】写明名称、机构代码、地址、联系人、联系方式

依据《中华人民共和国民法典》和有关法规的规定，甲乙双方就联合开发事项，经协商一致，达成如下合同，由签约双方共同恪守。

第一条　项目开发的基本要求

1.1　开发项目名称：【说明】例如，一种新的化合物配方、人工智能技术在机器人领域的应用。

1.2　开发项目内容：【说明】写明所属技术领域；小试、中试、放大生产等阶段性成果；商业化生产的成果等。

1.3　开发形式：整体开发，协同合作。

其中甲方负责：【说明】例如，提供背景技术资料、知识产权，提供市场状态报告（包括市场容量、生命周期、预期效益等），提供相关技术标准，负责某环节的研发过程，负责某环节的小试、中试、放大生产，负责进行有关部门的申报与审批等。

乙方负责：【说明】例如，进行某环节的研发工作，负责某环节的小试、中试、放大生产，负责进行商业化生产等。

第二条　项目开发进度与项目组织

2.1　此合同项目周期为____年____月____日至____年____月____日。

2.2　甲乙双方的项目进度具体参照立项报告所附的《项目开发进度计划》，并严格按照此计划完成工作进度。进度计划须由双方签字认可。

2.3　为有效履行本合同，合同双方确定，在本合同有效期内，甲方指定【说明】填写姓名＋联系方式为甲方项目联系人，乙方指定【说明】填写姓名＋联系方式为乙方项目联系人。合同一方变更项目联系人的，应当及时并以书面形式通知另一方。未及时通知并影响本合同履行或造成损失

的，应承担相应的责任。项目联系人承担以下职责：

（1）合作双方的联系工作。

（2）及时组织、协调、处理相关事宜。

（3）适时召集双方有关人员分析、研究实施过程的难点。

2.4 双方就本项目，定期协调沟通相关工作：

（1）双方协调沟通事宜，均采取书面形式（邮件、纸质函件）。

（2）建立定期沟通机制。

第三条 项目开发背景技术资料

3.1 双方确定，甲乙双方各自为本合同项目的研究开发工作提供以下技术资料（可附背景技术清单）：

甲方：【说明】填写要提供的技术资料的名称，也可以合同附件的形式列出。

乙方：【说明】填写要提供的技术资料的名称，也可以合同附件的形式列出。

3.2 提供上述背景技术的合同一方应保证其所提供技术不侵犯任何第三人的合法权益。如发生第三人指控侵权或因实施该项技术而侵权的，提供技术方应当承担相应责任；如因此造成非提供该技术的合作相对方损失的（包括但不限于任何第三方对其进行处罚、索赔和其他要求），提供方应予以赔偿。

3.3 双方均可在本研发合作项目范围内，本着研发合作项目的使用目的使用上述背景技术。

第四条 验收标准

合同双方确定，按以下标准及方法对完成的研究开发工作成果进行验收：【说明】可附技术标准和验收规范，可列出验收成果清单。例如，可行性论证报告、技术评价报告、完整的原始设计和工艺文件包、商业化生产报告、检验记录、出厂试验记录等。

第五条 知识产权条款

5.1 本合同项下研发成果及其相关知识产权权利归属:

(1) 本研发合作项目下的技术成果所涉及的专利申请权、专利权或商业秘密等知识产权归甲乙双方共有。

(2) 一方声明放弃其共有的专利申请权的,可以由另一方单独申请;合作双方中有一方不同意申请专利的,另一方不得申请专利。专利权取得后的使用和有关利益分配,双方另行协商。

【说明】《民法典》对于合作开发合同成果的规定为:"合作开发完成的发明创造,申请专利的权利属于合作开发的当事人共有;当事人一方转让其共有的专利申请权的,其他各方享有以同等条件优先受让的权利。但是,当事人另有约定的除外。合作开发的当事人一方声明放弃其共有的专利申请权的,除当事人另有约定外,可以由另一方单独申请或者由其他各方共同申请。申请人取得专利权的,放弃专利申请权的一方可以免费实施该专利。合作开发的当事人一方不同意申请专利的,另一方或者其他各方不得申请专利。"

5.2 本合同项下研发成果相关知识产权权利维持与权利行使:

(1) 本合同项下的技术成果所涉及的专利申请权、专利权或商业秘密等知识产权的许可、转让等事项归甲乙双方共同决定。

(2) 对于本合同项下研发成果的专利申请、维持费用,由【说明】填写甲方/乙方,明确责任人,防止后续产生纠纷负责向主管机关进行缴费,费用由甲乙双方共同承担。

(3) 本合同项下研发成果涉及专利权、著作权、商业秘密等知识产权的维权及事项(包括但不限于起诉、应诉、行政答辩等),由双方共同决定。若合同一方放弃维权的,合同另一方有权以自己的名义进行维权。

【说明】防止因一方不积极维权造成诉讼活动无法推行下去的后果。

5.3 后续改进本合同项下研发成果:

(1) 合同双方确定,任何一方有权利用本合同项目研究开发所完成的技术成果,进行后续改进。

(2) 后续改进产生的具有实质性或创造性技术进步特征的新的技术成

果，归改进方所有。

（3）后续改进产生的研发成果的相关利益分配问题由合同双方另行协商。

【说明】不仅需明确研发成果的权属约定，还需明确研发成果的后续改进技术成果的归属。

5.4　属于下列情形之一的，一方应取得另一方的事先书面同意：

（1）向在中国境内外的第三方公开或提供改进技术而涉及本合同项下技术时。

（2）就产品制造及销售，向第三方再许可改进技术的全部或部分而涉及本合同项下技术时。

第六条　保密义务

6.1　合同双方对于本合同项下技术应予以保密。除下列情形外，未经双方事先书面同意，任何情形下均不得向第三方公开或泄露。

（1）为履行本合同项下的义务之目的，针对需知悉该内容的双方高管、员工签署"保密约定书"后，仅在业务所需范围内向其公开。

（2）法律上负有对政府及其他公共机构进行公开的义务时一方应当向另一方通知以上事实后再披露。

6.2　合同双方尽最大努力对本合同项下技术予以保密，并应自负各方费用实施有关保密的措施和程序。

6.3　无论何种原因，本合同的全部或部分被终止时，一方应立即返还从另外一方获取的所有保密信息。一方依本条向另一方返还的保密信息包括书面、电子文档、图纸等所有形式，尤其包括要求返还时合同一方将其分类为保密信息并要求另一方返还的所有保密信息。

6.4　本保密条款在本合同终止后仍然有效。

第七条　违约责任

7.1　违约金：任何一方违反本合同上述条款约定，造成本合同项目研究开发工作停滞、延误或失败的，要承担____元作为违约金支付给对方。

【说明】明确违约金可以降低举证难度，否则需要在发生纠纷时收集证明损失的相关证据，但违约金不宜超过合同标的的 30%。

7.2 赔偿金：合同一方未按合同（包括合同的附件）的要求按时完成应当负责的研发成果，每迟延一日支付金额＿＿＿元；因泄露项目技术秘密或在项目中了解到的合同一方技术秘密，给对方造成损失的，应当赔偿＿＿＿元，或按照造成的损失进行赔偿。

第八条 合同的补充与变更、解除、终止

8.1 补充与变更：在本合同项目研发过程中，甲乙双方可以采取书面的方式，对主合同进行补充与修改。未经双方同意，合同一方不得将本合同项目部分或全部研究开发工作转让给第三人承担。

8.2 本合同期间内，经双方协商并达成书面合同后可解除本合同。发生下列任一情形之一，致使本合同的履行成为不必要或不可能的，合同一方可通过书面形式通知解除本合同：

（1）发生不可抗力。

（2）合同项下技术由于政策原因无法继续。

（3）合同项下技术已由第三方公开。

8.3 本合同期间内，经双方协商并达成书面合同后可终止本合同。发生下列任一情形之一，合同一方可通过书面形式通知终止本合同：

（1）一方违反本合同，且在收到对方就该违反事项及要求纠正的通知后 30 日内仍未纠正的，对方可终止本合同。

（2）一方启动清算程序，或者其全部或部分事业或任何资产依据所在国破产法指定财产管理人、经营管理人、其他第三方时，或者与其债权人或债务人协商或达成合意从而影响本合同履行的，对方可终止本合同。

（3）一方试图中断、废弃其经营的全部或部分事业，或者将事业、财产或资产的全部或实质部门向第三方进行处分或企图处分，或者在其他交易中发生违约事项从而影响本合同的履行的，对方可终止本合同。

第九条 不可抗力

9.1 不可抗力事件指受影响一方不能预见、不能避免且不能克服的

客观情况，并于本合同签订日之后出现的，使该方对本合同全部或部分的履行在客观上成为不可能或不实际的任何事件。此等事件包括但不限于水灾、火灾、旱灾、台风、地震及其他自然灾害，交通意外，罢工，骚动，暴乱及战争（不论曾否宣战），以及政府部门的作为及不作为。

9.2 如果本合同任何一方因受不可抗力事件影响而未能履行其在本合同下的全部或部分义务，该义务的履行在不可抗力事件妨碍其履行期间应予中止。

9.3 声称受到不可抗力事件影响的一方应尽可能在最短的时间内通过书面形式将不可抗力事件的发生通知另一方，并在该不可抗力事件发生后15日内向另一方提供关于此种不可抗力事件及其持续时间的适当证据。声称不可抗力事件导致其对本合同的履行在客观上成为不可能或不实际的一方，有责任尽一切合理的努力消除或减轻此等不可抗力事件的影响。

9.4 不可抗力事件发生时，双方应立即通过友好协商决定如何执行本合同。不可抗力事件或其影响终止或消除后，双方须立即恢复履行各自在本合同项下的各项义务。

第十条　纠纷解决

本合同的成立、效力、解释、执行均适用中国相关法律。有关本合同的解释、履行、不履行等的纠纷，应尽最大努力通过友好协商或和解解决。但纠纷发生后90日内仍无法通过协商解决时，双方选择以下第____种方式解决纠纷。

（1）仲裁。

a）本条项下的仲裁，向____仲裁中心申请仲裁，并依当时有效的____仲裁中心仲裁规则进行仲裁。仲裁语言为中文。仲裁裁决是终局的且约束当事人，可在有管辖权的法院得到承认及执行。

b）除仲裁裁决另有规定之外，仲裁费用由败诉一方承担。

c）仲裁程序进行期间，除仲裁涉及的问题之外，双方应继续履行本合同。

（2）诉讼。

双方均可向____所在地有管辖权的法院提起诉讼。

【说明】对于不希望相关纠纷在公开渠道可查询的主体，可以在订立合同时选择仲裁条款。若选择诉讼，建议约定己方所在地有管辖权的法院。

第十一条　其他

11.1　本合同一式二份，双方各执一份，自双方签字盖章之日起生效。

11.2　与履行本合同有关的下列技术文件，经合同双方以书面方式确认后，为本合同的组成部分：

（1）技术背景资料。

（2）可行性论证报告。

（3）技术评价报告。

（4）技术标准和规范。

（5）原始设计和工艺文件。

（6）项目开发进度计划。

（7）其他。

（以下无正文，以下为签名或盖章页）

甲方：（盖章）　　　　　　　　乙方：（盖章）

授权代表签字：　　　　　　　　授权代表签字：

日期：　　　　　　　　　　　　日期：

委托开发合同（作为受托方）

委托方（甲方）：【说明】写明名称、机构代码、地址、联系人、联系方式

服务方（乙方）：【说明】写明名称、机构代码、地址、联系人、联系方式

依据《中华人民共和国民法典》和有关法规的规定，甲乙双方就委托开发事项，经协商一致，达成如下合同，由签约双方共同恪守。

第一条 服务内容

合同双方确认，现由甲方委托乙方开发____，并向乙方支付技术服务费；乙方愿意接受委托并开展相应技术服务工作。

第二条 技术要求

2.1 乙方利用____技术进行【说明】例如，一种新的化合物配方、人工智能技术在机器人领域的应用项目的开发。

2.2 乙方根据甲方提供的基础信息设计研究方案并完成产品开发。

2.3 在技术服务履行的多个阶段，双方应保持充分的技术交流和沟通，进行阶段评价，并按照里程碑相关的验收标准进行验收，双方意见达成一致后乙方方可开展下个里程碑的服务内容。

第三条 报价和付款方式

3.1 本合同项下技术服务费总金额为____元（大写：人民币____元整）。

3.2 本技术开发的付款节点（里程碑）和付款方式如下：

序号	付款节点（里程碑）	验收标准	完成时限	含税合计/元
1				
2				
3				

3.3　项目首付款为本合同总金额的＿＿%，共计＿＿元（大写：人民币＿＿元整）。甲方应当在本合同签署后 20 个工作日内支付首付款。乙方收到首付款后，应在一周内调配相关技术人员、设备和物料，开展项目服务工作。乙方应在合同约定时间内，向甲方提供符合相应里程碑验收标准的服务。在双方确认里程碑完成后的 15 个工作日内，甲方按支付比例完成相应的款项支付。发票：乙方在收到甲方支付款项后，应按甲方要求及时、据实开具增值税普通发票。发票类型为技术服务费。

【说明】技术合同价款、报酬或者使用费的支付方式由当事人约定，可以采取一次总算、一次总付或者一次总算、分期支付的方式，也可以采取提成支付或者提成支付附加预付入门费的方式。约定提成支付的，可以按照产品价格、实施专利和使用技术秘密后新增的产值、利润或者产品销售额的一定比例提成，也可以按照约定的其他方式计算。提成支付的比例可以采取固定比例、逐年递增比例或者逐年递减比例。约定提成支付的，当事人可以约定查阅有关会计账目的办法。

3.4　本合同履行过程中，甲方如要求增加可选项目或其他服务内容的，双方应就增加的服务内容达成补充合同，并经双方书面确认。

第四条　甲方权利和义务

4.1　甲方权利。在付清本合同相应里程碑阶段的相应技术服务费后，本合同项下技术成果归甲乙双方共有，包括但不限于研究数据（电子和纸质数据）、样品等。

【说明】作为受托方，应在合同中设置对己方有利的条款，如技术成果共有的前提是甲方付清技术服务费。

4.2　甲方义务。

（1）甲方应当保证本技术服务合同的目的的合法性。

（2）甲方应提供乙方开展技术服务必要的信息支持。

（3）甲方应当按照乙方完成的工作量、在合同约定时间内，支付相应的技术服务费。

第五条　乙方权利和义务。

5.1　乙方权利。

（1）乙方有按照合同约定接受甲方支付的技术服务费和其他相关费用的权利。

（2）本合同项下技术成果归甲乙双方共有，包括但不限于研究数据（电子和纸质数据）、样品等。

5.2　乙方义务。乙方应保证交付给甲方的技术服务成果或相关资料符合本合同技术要求，保证所交付的资料和数据真实可靠。

第六条　保密义务

6.1　保密信息：指任何可被合理地认为具有保密性的信息，包括但不限于技术资料、研究报告、产品信息等。本合同的存在及其条款（特别是合同金额及技术指标等信息）亦属于保密信息。保密信息不包含以下信息：

（1）接收方有证据证明在披露方向其披露信息之前已获得或知晓的信息或该信息已经进入公知领域。

（2）不是因为接收方的操作或错误而让公众知晓的信息。

（3）接收方以正当合理途径从其他无保密义务的第三方处得知的信息。

（4）接收方独立开发的信息。

6.2　保密条款：本合同任何一方（接收方）对于其从对方（披露方）获取或知悉的保密信息，均须予以严格保密。

（1）除非经披露方书面同意，接收方不得将保密信息用于除履行本合同目的以外的其他用途，不得将保密信息披露给任何第三方。

（2）接收方必要披露仅限于以下情形：为履行本合同之目的，向有必要获知保密信息并且已经承担与本合同相同保密义务的项目人员、关联企业代表及接收方的代理、代表、律师、顾问和其他有必要知道信息的咨询方等披露；政府机构、司法程序、证券交易所或相关法律要求的检查、披露或其他活动，且披露的范围应控制在必要限度的范围内。

（3）披露方向接收方提供有关资料时，应事先明确资料是否涉及秘密事项以及涉及何种密级，并应准确标明涉密标识。接收方同意采取任何可行的措施保护保密信息的保密性，程度不得低于其对自身保密内容或同样性质内容的保护，并避免泄露和非授权使用。

6.3 保密期限：本合同项下的保密义务直至受保护的商业秘密依法公开或者拥有商业秘密一方书面通知另一方不需要保密时止。在本合同有效期内及终止后双方均应履行本合同的保密义务。

6.4 违约责任：违反保密条款的一方应当支付＿＿＿元作为违约金，违约行为给守约方造成损失的，还应当赔偿守约方损失。

第七条 技术服务成果及相关知识产权的归属

本合同项下产生的技术服务成果为合同双方共有，双方协商一致后可对本合同项目下技术服务成果申请专利。

本合同项目中所使用的双方各自享有的知识产权，仍为各自所有。

第八条 争议的解决办法

本合同的成立、效力、解释、执行均适用中国相关法律。有关本合同的解释、履行、不履行等的纠纷，应尽最大努力通过友好协商或和解解决。但纠纷发生后 90 日内仍无法通过协商解决时，双方选择以下第＿＿＿种方式解决纠纷。

（1）仲裁。

a）本条项下的仲裁，向＿＿＿仲裁中心申请仲裁，并依当时有效的＿＿＿仲裁中心仲裁规则进行仲裁。仲裁语言为中文。仲裁裁决是终局的且约束当事人，可在有管辖权的法院得到承认及执行。

b）除仲裁裁决另有规定之外，仲裁费用由败诉一方承担。

c）仲裁程序进行期间，除仲裁涉及的问题之外，双方应继续履行本合同。

（2）诉讼。

双方均可向＿＿＿所在地有管辖权的法院提起诉讼。

【说明】对于不希望相关纠纷在公开渠道可查询的主体，可以在订立合同时选择仲裁条款。若选择诉讼，建议约定己方所在地有管辖权的法院。

第九条　合同变更和解除

9.1　本合同的变更必须由双方协商一致，并以书面形式确定。

9.2　如因甲方原因提前终止或解除本合同的，乙方已经收取的款项不予退还。

9.3　如因乙方原因提前终止或解除本合同的，乙方已经收取的款项应当全额退还甲方。

第十条　不可抗力

10.1　不可抗力事件指受影响一方不能预见、不能避免且不能克服的客观情况，并于本合同签订日之后出现的，使该方对本合同全部或部分的履行在客观上成为不可能或不实际的任何事件。此等事件包括但不限于水灾、火灾、旱灾、台风、地震及其他自然灾害，交通意外，罢工，骚动，暴乱及战争（不论曾否宣战），以及政府部门的作为及不作为。

10.2　如果本合同任何一方因受不可抗力事件影响而未能履行其在本合同下的全部或部分义务，该义务的履行在不可抗力事件妨碍其履行期间应予中止。

10.3　声称受到不可抗力事件影响的一方应尽可能在最短的时间内通过书面形式将不可抗力事件的发生通知另一方，并在该不可抗力事件发生后 15 日内向另一方提供关于此种不可抗力事件及其持续时间的适当证据。声称不可抗力事件导致其对本合同的履行在客观上成为不可能或不实际的一方，有责任尽一切合理的努力消除或减轻此等不可抗力事件的影响。

10.4　不可抗力事件发生时，双方应立即通过友好协商决定如何执行本合同。不可抗力事件或其影响终止或消除后，双方须立即恢复履行各自在本合同项下的各项义务。

第十一条　补充合同

本合同未尽事宜，依照有关法律、法规执行，法律、法规未作规定的，双方可以达成书面补充合同。书面补充合同均为本合同不可分割的组成部分，与本合同具有同等的法律效力。

第十二条　其他

本合同任何条款根据任何法律被视为或成为无效、不合法或无法执行，不影响或削弱本合同其他条款的有效性、合法性和可执行性。

本合同和附件（如有）构成双方之间的完整合同，并取代双方之前所达成的所有谅解、备忘录、往来通信和合同。除双方以书面形式签署外，本合同及其附件中的任何条款和条件的修订对双方没有约束力。

本合同正本一式二份，每方各执一份，每份具有同等法律效力。

（以下无正文，以下为签名或盖章页）

甲方：（盖章）　　　　　乙方：（盖章）

授权代表签字：　　　　　授权代表签字：

日期：　　　　　　　　　日期：

委托设计合作合同

甲方（委托方）：【说明】写明名称、机构代码、地址、联系人、联系方式

乙方（受托方）：【说明】写明名称、机构代码、地址、联系人、联系方式

依据《中华人民共和国民法典》和有关法规的规定，甲乙双方就委托设计事项，经协商一致，达成如下合同，由签约双方共同恪守。

第一条　合同内容及要求：【说明】例如，全国技术会议宣传海报的设计。详细介绍所需设计内容的特征、作用，有附件材料的可以一并列明，使合同更加有针对性，也可以作为维权过程中的证据。

第二条　合作时间及设计费用

2.1　合作期限自____年____月____日至____年____月____日。

2.2　设计费为：人民币____元（大写：____元整）。印刷费为：人民币____元（大写：____元整）。费用总计为：人民币____元（大写：____元整）。

第三条　付款方式

预付款____元（大写：____元整），在合同签署后____个工作日内支付。余款于定稿后____个工作日内付清。

付款信息如下：

户名：_____

账号：_____

开户行：_____

第四条　设计与制作作品的时间及交付方式

乙方需在约定的时间内完成设计方案和提交印刷品。因甲方反复提出修改意见导致乙方工作不能按时完成时，可延期执行。

第五条　知识产权约定

对于本合同下的作品，甲方享有作品的知识产权，包括但不限于著作权、版式设计权、商标申请权等。

第六条　双方的权利义务

6.1　甲方权利。

（1）甲方有权对乙方的设计提出建议和思路，以使乙方设计的作品更符合甲方文化内涵。

（2）甲方有权对乙方所设计的作品提出修改意见。

（3）甲方在付清所有费用后享有设计作品的所有权、使用权和修改权。

6.2　甲方义务。

（1）甲方有义务按照合同约定支付相关费用。

（2）甲方有义务提供有关资料给乙方。

6.3　乙方权利。

（1）乙方有权要求甲方提供有关企业资料供乙方设计参考。

（2）乙方有权要求甲方按照合同约定支付相应款项。

6.4　乙方义务。

（1）乙方须按照甲方的要求进行作品设计与制作。

（2）乙方须按照合同约定按时交付设计制作作品。

第七条　保密义务

7.1　保密信息：是指任何可被合理地认为具有保密性的信息，包括但不限于技术资料、研究报告、产品信息等。本合同的存在及其条款（特别是合同金额及技术指标等信息）亦属于保密信息。保密信息不包含以下信息：

（1）接收方有证据证明在披露方向其披露信息之前已获得或知晓的信息或该信息已经进入公知领域。

（2）不是因为接收方的操作或错误而让公众知晓的信息。

（3）接收方以正当合理途径从其他无保密义务的第三方处得知的信息。

（4）接收方独立开发的信息。

7.2　保密条款：本合同任何一方（"接收方"）对于其从对方（"披露方"）获取或知悉的保密信息，均须予以严格保密。

（1）除非经披露方书面同意，接收方不得将保密信息用于除履行本合同目的以外的其他用途，不得将保密信息披露给任何第三方。

（2）接收方必要披露仅限于以下情形：为履行本合同之目的，向有必要获知保密信息并且已经承担与本合同相同保密义务的项目人员、关联企业代表及接收方的代理、代表、律师、顾问和其他有必要知道信息的咨询方等披露；政府机构、司法程序、证券交易所或相关法律要求的检查、披露或其他活动，且披露的范围应控制在必要限度的范围内。

（3）接收方同意采取任何可行的措施保护保密信息的保密性，程度不得低于其对自身保密内容或同样性质内容的保护，并避免泄露和非授权使用。

7.3　保密期限：本合同项下的保密义务直至受保护的商业秘密依法公开或者拥有商业秘密一方书面通知另一方不需要保密时止。在本合同有效期内及终止后双方均应履行本合同的保密义务。

7.4　违约责任：违反保密条款的一方应当支付____元作为违约金，违约行为给守约方造成损失的，还应当赔偿守约方损失。

第八条　违约责任

8.1　甲方在设计作品初稿完成前终止合同，其预付的费用无权要求退回；甲方在乙方作品初稿完成后终止合同的，应当支付全额的设计费用。

8.2　乙方如无正当理由提前终止合同，所收取的费用应当全部退回给甲方，且应当支付____元作为违约金。乙方的违约行为给甲方造成损失的，还应当赔偿甲方损失。

【说明】明确违约金可以降低举证难度，否则需要在发生纠纷时收集证明损失的相关证据，但违约金不宜超过合同标的的30%

第九条 不可抗力

9.1 不可抗力事件指受影响一方不能预见、不能避免且不能克服的客观情况，并于本合同签订日之后出现的，使该方对本合同全部或部分的履行在客观上成为不可能或不实际的任何事件。此等事件包括但不限于水灾、火灾、旱灾、台风、地震及其他自然灾害，交通意外，罢工，骚动，暴乱及战争（不论曾否宣战），以及政府部门的作为及不作为。

9.2 如果本合同任何一方因受不可抗力事件影响而未能履行其在本合同下的全部或部分义务，该义务的履行在不可抗力事件妨碍其履行期间应予中止。

9.3 声称受到不可抗力事件影响的一方应尽可能在最短的时间内通过书面形式将不可抗力事件的发生通知另一方，并在该不可抗力事件发生后15日内向另一方提供关于此种不可抗力事件及其持续时间的适当证据。声称不可抗力事件导致其对本合同的履行在客观上成为不可能或不实际的一方，有责任尽一切合理的努力消除或减轻此等不可抗力事件的影响。

9.4 不可抗力事件发生时，双方应立即通过友好协商决定如何执行本合同。不可抗力事件或其影响终止或消除后，双方须立即恢复履行各自在本合同项下的各项义务。

第十条 适用法律与争议解决

本合同的成立、效力、解释、执行均适用中国相关法律。有关本合同的解释、履行、不履行等的纠纷，应尽最大努力通过友好协商或和解解决。但纠纷发生后90日内仍无法通过协商解决时，双方选择以下第____种方式解决纠纷。

（1）仲裁。

a）本条项下的仲裁，向____仲裁中心申请仲裁，并依当时有效的____仲裁中心仲裁规则进行仲裁。仲裁语言为中文。仲裁裁决是终局的且约束当事人，可在有管辖权的法院得到承认及执行。

b）除仲裁裁决另有规定之外，仲裁费用由败诉一方承担。

c）仲裁程序进行期间，除仲裁涉及的问题之外，双方应继续履行本合同。

（2）诉讼。

双方均可向＿＿＿所在地有管辖权的法院提起诉讼。

【说明】对于不希望相关纠纷在公开渠道可查询的主体，可以在订立合同时选择仲裁条款。若选择诉讼，建议约定己方所在地有管辖权的法院。

第十一条 其他

11.1 本合同附件与正文具有同等法律效力。

11.2 本合同一式两份，自双方签字之日起生效。

（以下无正文，以下为签名或盖章页）

甲方：（盖章）   乙方：（盖章）

授权代表签字：   授权代表签字：

日期：   日期：

研究机构与政府机构合作合同

甲方（政府机构）：【说明】写明名称、地址、联系人、联系方式

乙方（高校、研究院）：【说明】写明名称、地址、联系人、联系方式

依据《中华人民共和国民法典》和有关法规的规定，甲乙双方就合作事项，经协商一致，达成如下合同，由签约双方共同恪守。

第一条　背景介绍

创新科技是推动区域发展的核心动力。政府近年来均制定产业和科技发展政策，大力倡导创新科技的发展和应用，引领产业的转型升级。

甲方简介：＿＿＿＿＿＿＿＿＿＿＿＿＿＿＿＿＿＿＿＿＿。

乙方简介：＿＿＿＿＿＿＿＿＿＿＿＿＿＿＿＿＿＿＿＿＿。

为了配合国家政策的具体落实，甲乙双方望发挥在＿＿＿等领域科技成果转移和应用的优势互补，双方有意签署合作合同，践行各自的使命，发挥各自的作用。

现双方依照有关法规，建立战略合作伙伴关系，在充分协商的基础上，就双方共同合作的有关事宜，签订本合同。

宗旨：积极配合国家＿＿＿发展战略，推动双方在专业人才培养、科技创新、产学研合作和成果产业化等方面开展全面合作。

第二条　合作范围

在充分实现甲乙双方优势互补，互惠互利的合作原则上，双方就＿＿＿等领域技术与研发、人才交流与培养、新技术推广、科技成果转化展开密切合作。

第三条　合作内容

双方积极讨论＿＿＿等领域的实际应用。在此基础上，双方将进一步深化和扩大合作的领域和内容，包括：

（1）双方委派员工互访，参与专题项目研究或工作，并提供必要的科

研设备、空间等支援与协助。

（2）共同申请____基金。

（3）合作提供____等领域的技术解决方案。

（4）联合举办____学术和科技创新交流活动。

第四条　合作的执行

双方各自委派相关的工作人员，专门成立工作小组，就合作的细节（包括沟通机制、研发方向、市场调研、整合资源、项目申请、人员培训等工作）进行详细磋商与拟定。

第五条　知识产权处理

对于双方合作项目中的知识产权及成果归属的安排，将遵循以下基本原则：

（1）合作双方在项目实施之前各自所拥有的知识产权及相应权益均归各自所有，不因共同申请或执行项目而改变；对于双方合作共同开发的知识产权，归双方共有。

（2）因申请或执行项目需要，甲乙双方向对方提供的相关资讯，不构成向使用方授予提供方的专利权、著作权、商标权等知识产权的授权行为。

（3）合同任何一方在与第三方开展的合作开发项目中，不得使用本合同约定的开发项目中所产生的专利和非专利技术等知识产权。

第六条　保密条款

合同任何一方及其关联方不得将通过本合同约定合作中获取的对方商业信息、技术信息等商业秘密用于谋取非法利益。

一方向另一方披露的有关技术资料及商业资讯，双方另行签订保密协议。双方就正在洽谈合作项目之内容，应负保密责任。

第七条　合同生效

本合同经各方授权代表签字后即行生效，有效期为一年。本合同一式两份，双方各执一份。未尽事宜，以及有关具体合作项目的条款，将由双方共同另行签订项目合同。

本合同自生效日起实施，本合同有关知识产权处理条款及保密条款将永久有效，不因本合同的终止而失效。

【说明】对于有期限的合同，应当明确知识产权处理条款及保密条款的永久有效性。

第八条 终止合同

合作双方中的一方可提前三个月以书面形式通知另一方终止本合作合同。所有终止时正在进行中的项目和即将进行的合作项目则根据双方代表共同订立的项目合同继续进行或另行终止。

（以下无正文，以下为签名或盖章页）

甲方：（盖章）　　　　　乙方：（盖章）

授权代表签字：　　　　　授权代表签字：

日期：　　　　　　　　　日期：

软件委托开发合同

甲方（委托方）：【说明】写明名称、机构代码、地址、联系人、联系方式

乙方（受托方）：【说明】写明名称、机构代码、地址、联系人、联系方式

依据《中华人民共和国民法典》和有关法规的规定，甲乙双方就委托开发事项，经协商一致，达成如下合同，由签约双方共同恪守。

第一条 合作方式

乙方根据甲方的要求定制开发【说明】可填写软件名称，如供应商管理系统，并向甲方提供技术培训；甲方向乙方支付费用。

第二条 软件内容要求及验收标准

2.1 依据本合同约定，甲方委托乙方开发的软件产品为【说明】可填写软件名称，如供应商管理系统。

2.2 总体设计原则：可扩展，可与指定电脑系统兼容。

2.3 软件的构成及功能需求、验收标准以经甲方确认的《功能说明书》为准。该《功能说明书》由双方联系人签字后补充为本合同的附件，与本合同具有同等法律效力。

【说明】《功能说明书》应当提供对应的文档，由双方沟通后确认签字。

第三条 工作进度

乙方应按如下进度计划完成开发任务：

（1）确认流程及数据结构：【说明】添加时间节点。

（2）应用及服务端：【说明】添加时间节点。

（3）测试、调整、培训：【说明】添加时间节点。

第四条 费用支付

4.1 本项目总费用为人民币____元。

4.2 在乙方按本合同第三条规定的时间表完成工作进度并经甲方验收合格的前提下，甲方将按如下日期向乙方支付：

（1）签订合同后____日内首付合同总额的____%，金额____元；

（2）完成项目验收后____日内支付合同总额的____%，金额____元；

4.3 上述费用包含甲方应当向乙方支付的所有费用，乙方承担税款。

4.4 乙方应当在签订合同后____日内向甲方交付合同总额的正规发票。

第五条 权利和义务

5.1 甲方的权利和义务如下：

（1）根据本合同项目的实际需要和乙方的要求提供协助，并提供有关的资料、报表及文档等，甲方保证提供的所有资料完整、真实、合法。

（2）按本合同约定支付软件开发费用。

（3）甲方有权免费实施开发成果，包括甲方可以自己实施、许可他人实施或者与第三方合作实施开发成果。

（4）甲方有权享受乙方提供的终身技术支持服务。

5.2 乙方的权利和义务如下：

（1）按照甲方提供的材料按时完成本合同规定的软件开发工作。

（2）免费为甲方提供培训，培训内容为该软件的安装与操作方法，帮助甲方员工掌握该开发成果，并达到能够解决简单故障的水平。

（3）依合同收取软件开发费用。

（4）乙方在软件交付运行后应当提供终身技术支持服务。一旦甲方的系统发生软件故障，乙方应当在接到甲方书面或邮件形式发出的通知后12小时内解决该故障。如乙方没有在规定的时间内解决该故障，甲方有权要求乙方赔偿因该故障给甲方造成的全部损失。

（5）在软件开发过程中，所有产生的与甲方有关的技术资料和现场实测数据，未经甲方书面同意乙方不得泄露或转让给第三方，开发成果未经甲方同意不得泄露或转让给第三方。本款规定的效力及于乙方的所有雇用人员。

第六条　知识产权条款

6.1　因本合同产生的开发成果（包括源代码、系统技术文档、软件、数据等）由甲方享有知识产权。未经甲方书面许可，乙方不得许可第三方阅读、使用或复制。

【说明】根据《著作权法》的相关规定，受委托创作的作品，著作权的归属由委托人和受托人通过合同约定。合同未作明确约定或者没有订立合同的，著作权属于受托人。因此，委托人若希望获得委托创作软件的知识产权，应当在合同中明确约定。

6.2　乙方保证其开发成果及其开发过程不侵犯第三人的知识产权，如第三方以该产品侵犯其知识产权为由提起诉讼，乙方将以自己的费用解决问题，并赔偿因此给甲方造成的损失。

【说明】本条款为权利瑕疵担保条款，主要解决合作方交付成果或过程中存在侵犯第三方知识产权的情形。在交易合同中应当明确知识产权侵权等责任的承担问题，避免带来法律纷争。

第七条　合同的补充、变更、终止

7.1　如因业务发展需要对本合同现有内容进行补充、变更、修改，由双方或任何一方提出补充、变更、修改的建议和方案，经双方协商并达成统一意见后，以书面形式确认，并由双方签字后补充为本合同的附件，与本合同具有同等法律效力。

7.2　本合同自生效日起实施，本合同有关知识产权处理条款及保密条款将永久有效，不因本合同的终止而失效。

【说明】对于有期限的合同，应当明确知识产权处理条款及保密条款的永久有效性。

第八条　保密义务

8.1　双方承诺双方之间进行的与本合同相关的交流信息接收方都应当严格保密，除非为履行本合同所需，一方不得使用或向任何第三方透露从对方获知的任何商务、技术、操作、工艺流程、市场信息等商业秘密，但下列情况除外：

（1）对方书面同意。

（2）有关信息已为公众所知。

（3）一方在对方提供之前已通过其他合法途径获得该信息。

8.2　保密义务直至商业秘密信息依法公开或披露方书面通知解密而不需保密时止。一方违反上述保密义务的，应当支付____元作为违约金。一方的违约行为给另一方造成损失的，还应当赔偿守约方损失。

【说明】明确违约金可以降低举证难度，否则需要在发生纠纷时收集证明损失的相关证据，但违约金不宜超过合同标的的30%。

第九条　违约责任

9.1　双方应严格履行本合同，任何一方违反本合同均应承担违约责任。

9.2　由于软件质量低劣未达到合同中约定的验收标准、由于乙方责任导致工期延误或乙方有其他违反本合同条款行为的，甲方随时享有单方解除本合同的权利，并享有就由于上述原因造成的全部损失（包括但不限于甲方在此之前支付的所有开发费用、甲方为软件开发订购设备的所有款项、甲方由于软件开发失败而遭受的生产经营方面的损失）向乙方要求赔偿的权利。

9.3　在本合同履行过程中，由于乙方原因导致软件开发失败的，由乙方承担由此为甲方造成的全部损失（包括但不限于甲方在此之前支付的所有开发费用、甲方为软件开发订购设备的所有款项、甲方由于软件开发失败而遭受的生产经营方面的损失）。

9.4　除非经甲方书面认可，乙方未能按期完成本合同项目的，则每逾期一天向甲方支付合同总款项____%的违约金。

9.5　乙方擅自将合同项目的全部或部分转让、委托给第三方的，或乙方开发产品属于侵权产品的，甲方有权解除合同，乙方应立即返还甲方支付的所有费用，并支付违约金，违约金为合同总款项的____%。

第十条 适用法律与争议解决

本合同的成立、效力、解释、执行均适用中国相关法律。有关本合同的解释、履行、不履行等的纠纷，应尽最大努力通过友好协商或和解解决。但纠纷发生后90日内仍无法通过协商解决时，双方选择以下第____种方式解决纠纷。

（1）仲裁。

a）本条项下的仲裁，向____仲裁中心申请仲裁，并依当时有效的____仲裁中心仲裁规则进行仲裁。仲裁语言为中文。仲裁裁决是终局的且约束当事人，可在有管辖权的法院得到承认及执行。

b）除仲裁裁决另有规定之外，仲裁费用由败诉一方承担。

c）仲裁程序进行期间，除仲裁涉及的问题之外，双方应继续履行本合同。

（2）诉讼。

双方均可向____所在地有管辖权的法院提起诉讼。

【说明】对于不希望相关纠纷在公开渠道可查询的主体，可以在订立合同时选择仲裁条款。若选择诉讼，建议约定己方所在地有管辖权的法院。

第十一条 其他

11.1 本合同附件与正文具有同等法律效力。

11.2 本合同一式两份，自双方签字之日起生效。

（以下无正文，以下为签名或盖章页）

甲方：（盖章）　　　　　　乙方：（盖章）

授权代表签字：　　　　　　授权代表签字：

日期：　　　　　　　　　　日期：

二、技术咨询与技术服务合同

（一）起草合同关注要点

技术咨询合同是当事人一方以技术知识为对方就特定技术项目提供可行性论证、技术预测、专题技术调查、分析评价报告等所订立的合同。技术服务合同是当事人一方以技术知识为对方解决特定技术问题所订立的合同。

技术咨询合同与技术服务合同应重点关注以下条款：

保密条款：在技术合同中需要披露保密信息的，应当设置基础保密条款，并与对方单独签署保密协议，保密协议需要明确以下 4 个要点。其一，明确保密的内容和范围，即应当在合同中明确界定哪些"技术信息"和"经营信息"属于商业秘密，避免笼统地将所有技术或信息约定为商业秘密。其二，明确需保密人员及接触秘密的人员。其三，明确保密的方式方法及相关资料的处理。其四，明确保密的期限及违反保密义务的违约责任等。

权利归属条款：不仅需关注成果的权属约定，还需关注后续改进技术成果的归属。

侵权责任承担条款：不同于权利瑕疵担保条款，此条款主要用来解决权利归属一方或双方共享后，另一方未经对方同意私自转让或授权他人使用等。

（二）合同范本

技术咨询合同

甲方（委托方）：【说明】写明名称、机构代码、地址、联系人、联系方式

乙方（受托方）：【说明】写明名称、机构代码、地址、联系人、联系方式

依据《中华人民共和国民法典》和有关法规的规定，甲乙双方就技术咨询事项，经协商一致，达成如下合同，由签约双方共同恪守。

第一条 本项目名称【说明】填写项目名称，如某工艺的可行性论证。

第二条 服务内容、方式和要求

2.1 咨询服务内容：【说明】写明咨询的技术问题所属技术领域、要解决的具体技术问题、预期效果等。

2.2 咨询服务提供方式：【说明】现场咨询、远程咨询、现场调研、出具报告等。

2.3 咨询服务期间：【说明】写明咨询的服务时间起止点。

2.4 验收标准：【说明】写明具体要求，可附验收文件，另外明确技术咨询合同的受托人应当按照约定完成服务项目，解决技术问题，保证工作质量，并传授解决技术问题的知识等。

第三条 工作条件

甲方向乙方提供项目资料，使乙方全面了解项目技术背景及技术需求。咨询服务过程中，乙方就项目服务所需可以要求甲方补充提供所需项目资料。

第四条　报酬及其支付方式

预付款＿＿＿元（大写：＿＿＿元整），甲方在合同签署后＿＿＿个工作日内支付。余款于咨询服务完成后＿＿＿个工作日内付清。

乙方收款账户信息如下：

户名：＿＿＿＿＿＿＿＿＿＿＿＿

账号：＿＿＿＿＿＿＿＿＿＿＿＿

开户行：＿＿＿＿＿＿＿＿＿＿＿

第五条　知识产权

5.1　本咨询项目所使用的双方已有的知识产权仍归各自所有。

5.2　合同项下咨询成果的知识产权归＿＿＿所有，对咨询成果进行后续改进产生的新的成果归＿＿＿所有。

【说明】合同应当明确知识产权等权利归属，若合同有约定则按约定，没约定依照《著作权法》《专利法》《民法典》等相关规定分配。《民法典》第八百八十五条规定："技术咨询合同、技术服务合同履行过程中，受托人利用委托人提供的技术资料和工作条件完成的新的技术成果，属于受托人。委托人利用受托人的工作成果完成的新的技术成果，属于委托人。当事人另有约定的，按照其约定。"

第六条　甲方的义务

6.1　甲方应按合同约定的内容和期限向乙方提供开展咨询服务工作所需的有关数据和资料。因甲方提交资料延迟或错误等原因而造成乙方工作超出约定的服务范围和期限的，双方应协商确定新的交付日期和服务费。

6.2　甲方应按约定向乙方支付咨询服务费用。

6.3　甲方应当配合乙方完成咨询服务工作，如提供对接人员、组织培训、安排会议等。

第七条　乙方的义务

7.1　乙方应按照本合同约定的内容为甲方提供咨询服务，并提交咨询成果。

7.2　乙方应按约定的咨询服务范围及时间期限，对咨询成果进行相应必要的修改和完善。

第八条　保密义务

8.1　合同双方对于本合同项下技术应予以保密。除下列情形外，未经双方事先书面同意，任何情形下均不得向第三方公开或泄露。

（1）为履行本合同项下的义务之目的，仅在业务所需范围由必要的内部人员知悉。

（2）法律上负有对政府及其他公共机构进行公开的义务时进行披露，但合同一方应在公开前向合同另一方通知该事实。

8.2　合同双方尽最大努力对本合同项下技术予以保密，并应自付费用实施有关保密的措施和程序。

8.3　无论何种原因，本合同的全部或部分被终止时，一方应立即返还从另外一方获取的所有保密信息。一方依本条向另一方返还的保密信息包括书面、电子文档、图纸等所有形式，尤其包括要求返还时合同一方将其分类为保密信息并要求另一方返还的所有保密信息。

8.4　本保密义务在本合同终止后仍然有效，直至需要保密的信息被依法公开时止。

第九条　违约责任

9.1　甲方未按合同的要求提供资料或履行必要配合义务，造成合同目的不能实现的，要承担报酬总额的＿＿＿%作为违约金，并如数支付报酬。

9.2　乙方未按照合同要求履行咨询义务，或咨询结果不符合要求，造成合同目的不能实现的，要承担报酬总额的＿＿＿%作为违约金，且甲方不予支付验收后报酬。

9.3　乙方延迟完成咨询任务或甲方延迟支付服务费的，每迟延一日支付违约金＿＿＿元，延迟超过30日的，无过错方可解除合同。

9.4　合同一方违反保密义务的，承担报酬总额的＿＿＿%作为违约金，或按照造成的损失进行赔偿。

第十条　合同的补充与变更、解除、终止

10.1　补充与变更：在本合同项目过程中，甲乙双方可以采取书面的方式，对合同进行补充与修改。

10.2　本合同期间内，经双方协商并达成书面合同后可终止本合同。发生下列任一情形之一，合同一方可通过书面形式通知终止本合同：

（1）一方违反本合同，且在收到对方就该违反事项及要求纠正的通知后30日内仍未纠正的，对方可终止本合同。

（2）一方启动清算程序或者在其他交易中发生违约事项而影响本合同的履行的，对方可终止本合同。

第十一条　不可抗力

11.1　不可抗力事件指受影响一方不能合理控制的，无法预料或即使可预料到也不可避免且无法克服，并于本合同签订日之后出现的，使该方对本合同全部或部分的履行在客观上成为不可能或不实际的任何事件。此等事件包括但不限于水灾、火灾、旱灾、台风、地震及其他自然灾害，交通意外，罢工，骚动，暴乱及战争（不论曾否宣战），以及政府部门的作为及不作为。

11.2　如果本合同任何一方因受不可抗力事件影响而未能履行其在本合同下的全部或部分义务，该义务的履行在不可抗力事件妨碍其履行期间应予中止。

11.3　声称受到不可抗力事件影响的一方应尽可能在最短的时间内通过书面形式将不可抗力事件的发生通知另一方，并在该不可抗力事件发生后15日内向另一方提供关于此种不可抗力事件及其持续时间的适当证据。声称不可抗力事件导致其对本合同的履行在客观上成为不可能或不实际的一方，有责任尽一切合理的努力消除或减轻此等不可抗力事件的影响。

不可抗力事件发生时，双方应立即通过友好协商决定如何执行本合同。不可抗力事件或其影响终止或消除后，双方须立即恢复履行各自在本

合同项下的各项义务。

第十二条　适用法律与争议解决

本合同的成立、效力、解释、执行均适用中国相关法律。有关本合同的解释、履行、不履行等的纠纷，应尽最大努力通过友好协商或和解解决。但纠纷发生后90日内仍无法通过协商解决时，双方选择以下第＿＿种方式解决纠纷。

（1）仲裁。

a）本条项下的仲裁，向＿＿仲裁中心申请仲裁，并依当时有效的＿＿仲裁中心仲裁规则进行仲裁。仲裁语言为中文。仲裁裁决是终局的且约束当事人，可在有管辖权的法院得到承认及执行。

b）除仲裁裁决另有规定之外，仲裁费用由败诉一方承担。

c）仲裁程序进行期间，除仲裁涉及的问题之外，双方应继续履行本合同。

（2）诉讼。

双方均可向＿＿所在地有管辖权的法院提起诉讼。

【说明】对于不希望相关纠纷在公开渠道可查询的主体，可以在订立合同时选择仲裁条款。若选择诉讼，建议约定己方所在地有管辖权的法院。

第十三条　其他

本合同自双方或双方法定代表人或其授权代表人签字并加盖公章之日起生效。本合同正本一式两份，双方各执一份，具有同等法律效力。

（以下无正文，以下为签名或盖章页）

甲方：（盖章）　　　　　　　　乙方：（盖章）

授权代表签字：　　　　　　　　授权代表签字：

日期：　　　　　　　　　　　　日期：

技术服务合同

甲方（委托方）：【说明】写明名称、机构代码、地址、联系人、联系方式

乙方（受托方）：【说明】写明名称、机构代码、地址、联系人、联系方式

依据《中华人民共和国民法典》和有关法规的规定，甲乙双方就技术服务事项，经协商一致，达成如下合同，由签约双方共同恪守。

第一条 项目名称

【说明】填写项目名称，如某化合物提纯工艺。

第二条 服务内容、方式和要求

2.1 服务内容：【说明】写明需要服务的技术问题所属技术领域、要解决的具体技术问题、预期效果等。

2.2 方式：【说明】现场服务、远程服务、服务地点等。

2.3 要求：【说明】写明具体要求，可附验收文件，另外明确技术服务合同的受托人应当按照约定完成服务项目，解决技术问题，保证工作质量，并传授解决技术问题的知识等。

第三条 工作条件

甲方向乙方提供项目资料，使乙方全面了解项目技术背景及技术需求。服务过程中，乙方就项目服务所需可以要求甲方补充提供所需项目资料。

第四条 报酬及其支付方式

4.1 本项目服务费：____元。

乙方完成专业技术服务工作，解决技术问题需要的经费，由____方负担。

4.2 本项目中介方活动经费为：＿＿＿元，由＿＿＿方负担。

4.3 支付方式为如下第＿＿＿种：

（1）合同生效后＿＿＿日内甲方向乙方支付报酬总额的＿＿＿%。

（2）合同履行完成后（验收合格之日起）＿＿＿日内甲方向乙方支付全部报酬余额。

（3）乙方开户银行账户为＿＿＿。

（4）其他方式：＿＿＿。

第五条 声明及保证

5.1 甲方声明及保证：

（1）甲方为一家依法设立并合法存续的企业，有权签署并有能力履行本合同。

（2）甲方签署和履行本合同所需的一切手续均已办妥并合法有效。

（3）在签署本合同时，任何法院、仲裁机构、行政机关或监管机构均未作出任何足以对甲方履行本合同产生重大不利影响的判决、裁定、裁决或具体行政行为。

（4）甲方为签署本合同所需的内部授权程序均已完成，本合同的签署人是甲方的法定代表人或授权代表人。本合同生效后即对合同双方具有法律约束力。

5.2 乙方声明及保证：

（1）乙方为一家依法设立并合法存续的企业，有权签署并有能力履行本合同。

（2）乙方签署和履行本合同所需的一切手续均已办妥并合法有效。

（3）在签署本合同时，任何法院、仲裁机构、行政机关或监管机构均未作出任何足以对乙方履行本合同产生重大不利影响的判决、裁定、裁决或具体行政行为。

（4）乙方为签署本合同所需的内部授权程序均已完成，本合同的签署人是乙方的法定代表人或授权代表人。本合同生效后即对合同双方具有法律约束力。

第六条 甲方的主要义务

6.1 在合同生效后____日内向乙方提供下列技术资料、数据、材料、样品：【说明】披露内容较多的，可在附件中提供背景技术清单或以签署补充合同的形式详细列明向乙方披露的内容。

6.2 在接到乙方关于要求改进或更换不符合合同约定的技术资料、数据、材料、样品的通知后____天内及时作出答复。

6.3 按约向乙方支付报酬。

6.4 协助乙方完成下列配合事项：____。

第七条 乙方的主要义务

7.1 在____年____月____日前完成技术服务工作。

7.2 依照下列技术经济指标完成技术服务工作：____。

7.3 发现甲方提供的技术资料、数据、样品、材料或工作条件不符合合同约定时，应在合同生效后____天内通知甲方改进或者更换。

7.4 应对甲方交给的技术资料、样品等妥善保管；在合同履行过程中，如发现继续工作对材料、样品或设备等有损坏危险时，应中止工作，并及时通知甲方；工作完成后应归还上述技术资料、样品，不得擅自存留复制品。

第八条 保密条款

8.1 双方承诺，双方之间进行的与本合同相关的交流信息都应当由接收方严格保密，除非为履行本合同所需，一方不得使用或向任何第三方透露从对方获知的任何商务、技术、操作、工艺流程、市场信息等商业秘密，但下列情况除外：

（1）对方书面同意。

（2）有关信息已为公众所知。

（3）一方在对方提供之前已通过其他合法途径获得该信息。

8.2 保密义务直至商业秘密信息依法公开或披露方书面通知解密而不需保密时止。一方违反上述保密义务的，应当支付____元作为违约金。一方的违约行为给另一方造成损失的，应当赔偿守约方损失。

【说明】对于有期限的合同，应当明确知识产权处理条款及保密条款的永久有效性。明确违约金可以降低举证难度，否则需要在发生纠纷时收集证明损失的相关证据，但违约金不宜超过合同标的的30%。

第九条　知识产权

9.1　乙方向甲方提交的所有技术成果的著作权，在甲方按附件一约定付清咨询服务费用后，归____所有。

9.2　未经一方书面同意，另一方不得将最终咨询成果用于本合同以外的其他项目，但在不损害对方利益前提下双方均可用于企业推广、广告宣传等。

【说明】合同应当明确知识产权等权利归属，若合同有约定则按约定，没约定依照《著作权法》《专利法》《民法典》等相关规定处理。《民法典》第八百八十五条规定："技术咨询合同、技术服务合同履行过程中，受托人利用委托人提供的技术资料和工作条件完成的新的技术成果，属于受托人。委托人利用受托人的工作成果完成的新的技术成果，属于委托人。当事人另有约定的，按照其约定。"

第十条　甲方的违约责任

10.1　甲方未按照合同约定提供有关技术资料、数据、样品和工作条件，影响工作质量和进度的，应当如数支付报酬。逾期2个月不提供约定的物质技术条件，乙方有权解除合同，甲方应当支付数额为报酬总额____%的违约金。

10.2　甲方迟延支付报酬，应当支付数额为报酬总额____%的违约金，逾期2个月不支付报酬或者违约金的，应当交还工作成果，补交报酬，支付数额为报酬总额____%的违约金。

10.3　甲方迟延接受工作成果的，应支付数额为报酬总额____%的违约金和保管费。逾期2个月不领取工作成果的，乙方有权变卖、处理工作成果，从获得的收益中扣除报酬、违约金和保管费后，剩余部分返还甲方，所获得的收益不足抵偿报酬、违约金和保管费的，有权请求甲方赔偿损失。

第十一条　乙方的违约责任

11.1　擅自不履行合同，应当免收报酬并支付数额为报酬总额____%的违约金。

11.2　未按约定的期限完成工作的，应支付数额为报酬总额____%的违约金。

11.3　未按质按量完成工作的，应当负责返工改进或如数补偿。如果给甲方造成损失的，应当赔偿损失。

11.4　在工作时间，发现对方提供的技术资料、数据、样品、材料或工作条件等不符合合同规定，未按约定期限通知甲方，造成技术服务工作停滞、延误或不能履行的，应酌减或免收报酬。

11.5　在工作期间，发现甲方提供的物品有受损的危险，未按约定期限通知甲方，应对由此造成的损失承担责任。

11.6　违反合同约定、擅自将有关技术资料、数据、样品或工作成果引用、发表或提供给第三人，应支付数额为报酬总额____%的违约金。

11.7　对甲方交付的样品、材料及技术资料保管不善，造成灭失、短少、变质、污染或者损坏的，应当赔偿损失。

第十二条　验收标准和方法

12.1 验收时间：_____。

12.2 验收地点：_____。

12.3 验收标准：_____。

12.4 验收方法（采用第____种）：（1）由甲方组织有关同行业专业技术人员现场验收，写出验收报告。

（2）乙方按验收标准实施检验，保留检验的原始记录，甲方据此进行验收。

【说明】常用的验收标准包括既有标准和约定标准，其中既有标准包括国家标准、行业标准、团体标准、地方标准、企业标准等（注意不得使用已经淘汰的技术标准），约定标准为当事人双方认可的技术标准。另外，对于重大复杂的技术项目，双方可以约定通过专家评议、专业机构检测、委托方检测等方式进行验收。

12.5 验收费用由____方负担。

保证期为____（年／月）。在保证期内发现服务质量缺陷的，乙方应当负责返工或者采取补救措施。但因甲方使用、保管不当引起的问题除外。

第十三条　不可抗力

13.1　不可抗力事件指受影响一方不能预见、不能避免且不能克服的客观情况，并于本合同签订日之后出现的，使该方对本合同全部或部分的履行在客观上成为不可能或不实际的任何事件。此等事件包括但不限于水灾、火灾、旱灾、台风、地震及其他自然灾害，交通意外，罢工，骚动，暴乱及战争（不论曾否宣战），以及政府部门的作为及不作为。

13.2　如果本合同任何一方因受不可抗力事件影响而未能履行其在本合同下的全部或部分义务，该义务的履行在不可抗力事件妨碍其履行期间应予中止。

13.3　声称受到不可抗力事件影响的一方应尽可能在最短的时间内通过书面形式将不可抗力事件的发生通知另一方，并在该不可抗力事件发生后 15 日内向另一方提供关于此种不可抗力事件及其持续时间的适当证据。声称不可抗力事件导致其对本合同的履行在客观上成为不可能或不实际的一方，有责任尽一切合理的努力消除或减轻此等不可抗力事件的影响。

13.4　不可抗力事件发生时，双方应立即通过友好协商决定如何执行本合同。不可抗力事件或其影响终止或消除后，双方须立即恢复履行各自在本合同项下的各项义务。

第十四条　通知

14.1 根据本合同需要发出的全部通知、双方的文件往来及与本合同有关的通知和要求等，必须采用书面形式，可采用____（书信、传真、电报、当面送交等方式）方式传递。以上方式无法送达时，方可采取公告送达的方式。

14.2 各方通信地址如下：____。

14.3 一方变更通知或通信地址，应自变更之日起____日内，以书面形式通知对方；否则，由未通知方承担由此而引起的相应责任。

第十五条　适用法律与争议解决

本合同的成立、效力、解释、执行均适用中国相关法律。有关本合同的解释、履行、不履行等的纠纷，应尽最大努力通过友好协商或和解解决。但纠纷发生后90日内仍无法通过协商解决时，双方选择以下第____种方式解决纠纷。

（1）仲裁。

a）本条项下的仲裁，向____仲裁中心申请仲裁，并依当时有效的____仲裁中心仲裁规则进行仲裁。仲裁语言为中文。仲裁裁决是终局的且约束当事人，可在有管辖权的法院得到承认及执行。

b）除仲裁裁决另有规定之外，仲裁费用由败诉一方承担。

c）仲裁程序进行期间，除仲裁涉及的问题之外，双方应继续履行本合同。

（2）诉讼。

双方均可向____所在地有管辖权的法院提起诉讼。

【说明】对于不希望相关纠纷在公开渠道可查询的主体，可以在订立合同时选择仲裁条款。若选择诉讼，建议约定己方所在地有管辖权的法院。

第十六条　补充与附件

本合同未尽事宜，依照有关法律、法规执行，法律、法规未作规定的，甲乙双方可以达成书面补充合同。本合同的附件和补充合同均为本合同不可分割的组成部分，与本合同具有同等的法律效力。

第十七条　合同期限

本合同自双方或双方法定代表人或其授权代表人签字并加盖公章之日

起生效。有效期自＿＿＿年＿＿＿月＿＿＿日至＿＿＿年＿＿＿月＿＿＿日。

　　本合同正本一式两份，双方各执一份，具有同等法律效力。

（以下无正文，以下为签名或盖章页）

甲方：（盖章）　　　　　　　乙方：（盖章）

授权代表签字：　　　　　　　授权代表签字：

日期：　　　　　　　　　　　日期：

三、科技成果转化相关合同

（一）知识产权转让合同

1. 起草合同关注要点

知识产权转让合同作为一种法律行为，属于双方法律行为，体现为一种产权转让合同。

知识产权转让合同重点需要关注以下条款：

（1）在先许可条款。知识产权转让合同应该有专门的在先许可相关条款，包括以下内容：明确声明已有的在先许可情况，说明在先许可的被许可方、许可范围、期限等；声明无其他在先许可；匹配违约责任，如解除合同、违约金、其他在先许可的收益应归受让人所有等。从转让人的角度来看，在转让合同中也有必要明确说明已经存在的在先许可（无论是否已经备案、无论受让方是否实际知情），以避免受让人以存在在先许可为由主张转让人违约、解除合同等。

（2）明确转让价款的支付时间。例如，约定在转让登记完成后支付价款则对受让方更有利，约定合同签订后一定时间内交付价款则对转让方更有利。

2. 合同范本

专利权转让合同

甲方（转让方）：【说明】写明名称、机构代码、地址、联系人、联系方式

乙方（受让方）：【说明】写明名称、机构代码、地址、联系人、联系方式

依据《中华人民共和国民法典》《中华人民共和国专利法》和有关法规的规定，甲乙双方就专利转让事项，经协商一致，达成如下合同，由签约双方共同恪守。

第一条　本合同转让的专利权（以下简称"本项专利权"）基本信息如下（多项专利可附表）：

专利名称：_____；

专利申请人：_____；专利权人：_____；

申请日：_____；申请号：_____；

专利号：_____；专利有效期限：_____。

第二条　甲方在本合同签署前实施或者许可本项专利权的状况如下：

2.1　甲方实施本项专利权的状况：

（1）时间：_____；

（2）地点：_____；

（3）方式：_____；

（4）规模：_____。

2.2　甲方许可他人使用本项专利权的状况：

（1）时间：_____；

（2）地点：_____；

（3）类型：_____；

（4）地域：_____。

【说明】明确在先许可情况非常必要，包括：明确声明已有的在先许可情况，说明在先许可的被许可方、许可范围、期限等；声明无其他在先许可；匹配违约责任，如解除合同、违约金、其他在先许可的收益应归受让人所有等。从转让人的角度来看，在转让合同中也有必要明确说明已经存在的在先许可（无论是否已经备案、无论受让方是否实际知情），以避免受让人以存在在先许可为由主张转让人违约、解除合同等。

2.3 本合同生效后，甲方有义务在____日内将本项专利权转让的状况告知被许可使用本专利权的当事人。

第三条 乙方应在本合同生效后，保证原专利实施许可合同的履行。

甲方在原专利实施许可合同中享有的权利和义务，自本合同生效之日起，由乙方承受。甲方应当在____日内通知并协助原专利实施许可合同的被许可方与乙方办理合同变更事项。

第四条 本合同生效后，甲方____（可以／不可以）继续实施本项专利权。

第五条 为保证乙方有效拥有本项专利权，甲方应向乙方提供以下文件：

5.1 向中华人民共和国国家知识产权局递交的全部专利申请文件：说明书，权利要求书，附图，摘要及摘要附图，请求书，意见陈述书，著录事项变更，权利丧失后恢复权利的审批决定，代理委托书，审查员意见通知书，答复审查员意见通知书等。

5.2 中华人民共和国国家知识产权局发给甲方的所有文件，包括受理通知书、中间文件、授权决定、专利证书及副本等。

5.3 中华人民共和国国家知识产权局出具的本项专利权有效的证明文件，指最近一次专利年费缴费凭证（或中华人民共和国国家知识产权局的专利登记簿），以及在专利权撤销或无效请求中中华人民共和国国家知识产权局或人民法院作出的维持本项专利权有效的决定等。

69

5.4 上级主管部门或国务院有关主管部门的批准转让文件。

5.5 其他与本项专利权相关的文件。

第六条 甲方向乙方提交技术资料的时间、地点、方式如下：

6.1 提交时间：＿＿＿年＿＿＿月＿＿＿日。

6.2 提交地点：＿＿＿＿＿＿＿＿＿＿。

6.3 提交方式：＿＿＿＿＿＿＿＿＿＿。

第七条 甲方应当将本项专利权的申请过程文件及本项专利权曾被提起无效宣告的情况完整告知乙方。

第八条 甲方应当如实告知乙方针对本项专利权存在的纠纷或潜在纠纷，包括任何未决的或潜在的诉讼、仲裁、行政等程序。

第九条 本合同签署后由乙方办理专利权转让登记事宜，甲方应当积极配合，不得故意迟延。

第十条 过渡期条款：

10.1 在本合同签字生效后，至中华人民共和国国家知识产权局登记公告之日，甲方应维持本项专利权的有效性，在这一期间，所要缴纳的年费、续展费由甲方支付。

10.2 本合同在中华人民共和国国家知识产权局登记公告后，乙方负责维持本项专利权的有效性，如办理专利权的年费、续展费、行政撤销和无效请求的答辩及无效诉讼的应诉等事宜。

10.3 在过渡期内，因不可抗力致使甲方或乙方不能履行合同的，本合同即告解除。

第十一条 甲方向乙方转让本项专利权，与实施本项专利权有关的技术秘密＿＿＿（同时转让／不转让）。

甲方向乙方转让与实施本项专利权有关的技术秘密：

（1）技术秘密的内容：_____。

（2）技术秘密的实施要求：_____。

（3）技术秘密的保密范围和期限：_____。

【说明】为了保证专利权的有效实施，转让专利权一般会涉及与之匹配的技术秘密的转移，此条款对于作为受让方的当事人尤为重要。

第十二条　甲方应当保证在本合同订立时，本项专利权不存在如下缺陷：

（1）受物权或抵押权的约束；

（2）本项专利权的实施受到另一个现有的专利权限制；

（3）有专利先用权的存在；

（4）有强制许可证的存在；

（5）本项专利权项下的发明属非法所得。

在本合同订立时，甲方如果不如实向乙方告知上述权利缺陷，乙方有权拒绝支付使用费，并要求甲方补偿乙方由此而支付的额外开支。

第十三条　甲方对本合同生效后本项专利权被宣告无效，不承担法律责任。

第十四条　产品标准及验收：

14.1　产品标准：甲方需确保乙方利用本合同项下技术生产的产品达到本合同附件【　】所列产品标准。

14.2　验收：

（1）甲方与乙方按照本合同附件【　】所规定的技术要求和验收标准对本合同项下产品共同进行验收。

（2）经共同验收，本合同项下产品符合本合同附件【　】所规定的技术要求和验收标准时，甲方与乙方将共同签署质量说明书，甲方与乙方各执一份。

（3）经共同验收，本合同项下的产品不符合本附件【　】所规定的技术要求和验收标准时，第一次验收失败，甲方与乙方应分析原因并且通过相互协商、磋商及研究采取改善措施。若本合同项下的产品通过第二次或者第三次验收，甲方与乙方可以进行上述（2）项规定的程序。

（4）若本合同项下的产品未能通过第三次验收，甲方自第三次验收之日起每日向乙方支付＿＿＿元的损害赔偿金，届时乙方负有支付义务的款项的支付时点将顺延至本合同项下产品通过验收之日止。

【说明】常用的验收标准包括既有标准和约定标准，其中既有标准包括国家标准、行业标准、团体标准、地方标准、企业标准等等（注意不得使用已经淘汰的技术标准），约定标准为当事人双方认可的技术标准。另外，对于重大复杂的技术项目，双方可以约定专家评议、专业机构检测、委托方检测等方式进行验收。

第十五条　乙方向甲方支付本项专利权转让的价款及支付方式如下：

15.1　本项专利权的转让价款总额为＿＿＿（大写：＿＿＿）。其中，技术秘密转让价款为：＿＿＿（大写：＿＿＿）。

15.2　本合同费用，按以下第＿＿＿种方式支付：

（1）一次性支付，支付时间为＿＿＿年＿＿＿月＿＿＿日，支付方式：＿＿＿。

（2）截至＿＿＿年＿＿＿月＿＿＿日分＿＿＿次支付，支付方式：＿＿＿，其中＿＿＿年＿＿＿月＿＿＿日支付人民币＿＿＿元（大写：＿＿＿）；＿＿＿年＿＿＿月＿＿＿日支付人民币＿＿＿元（大写：＿＿＿）；＿＿＿年＿＿＿月＿＿＿日支付人民币＿＿＿元（大写：＿＿＿）。

（3）其他方式约定如下：＿＿＿。

【说明】明确转让价款的支付时点，约定在转让登记完成后支付价款则对受让方更有利，约定合同签订后一定时间内交付价款则对转让方更有利。

第十六条　关于后续改进，双方确定以下事项：

16.1　乙方有权利用本项专利权涉及的发明创造进行后续改进，由此产生的具有实质性或创造性技术进步特征的新技术成果，归____（乙方、双方）所有。具体相关利益的分配办法如下：____。

16.2　甲方有权在交付乙方本项专利权后，对本项专利权涉及的发明创造进行后续改进，由此产生的具有实质性或创造性技术特征的新技术成果，归____（甲方、双方）所有。具体相关利益的分配办法如下：____。

第十七条　技术支持：

17.1　乙方认为必要时，甲方向乙方主管技术、运营的高管等人员提供包含下列内容的、有关技术的支持及培训：

（1）本合同项下产品生产所需生产设备的技术支持。

（2）本合同项下产品生产所需设备运营和质量管理等相关技术的咨询及培训。

（3）具体内容见本合同附件【　】。

17.2　就本条项下的技术支持，如乙方认为需由甲方进行现场技术支持，甲方为提供现场支持而离开办公场所所在城市出差时，乙方承担由此产生的差旅费（含交通费、食宿费）。

17.3　乙方认为必要时，可要求甲方向乙方的高管及职员提供培训，对于该培训，乙方向甲方支付每日____元的培训费。乙方的高管及职员参加上述培训项目所需的各种实际支出的差旅费（含交通费、食宿费）由乙方承担。

17.4　关于上述技术支持，当乙方认为必要时，甲方应事先向乙方提供技术支持内容、负责人、方式、费用预算、效果等方案，经乙方确认并同意后具体实施。

第十八条　双方确定，按以下约定承担各自的违约责任：

18.1　甲方未按合同约定向乙方转让本项专利权的，应当退还乙方交付的全部费用，并支付违约金____元。

18.2　乙方未按合同约定向甲方支付转让费的，每逾期一日，应当向甲方交付应付款项的____%的滞纳金，逾期支付超过____日的，甲方有权要求解除合同。

第十九条 不可抗力：

19.1 不可抗力事件指受影响一方不能预见、不能避免且不能克服的客观情况，并于本合同签订日之后出现的，使该方对本合同全部或部分的履行在客观上成为不可能或不实际的任何事件。此等事件包括但不限于水灾、火灾、旱灾、台风、地震及其他自然灾害，交通意外，罢工，骚动，暴乱及战争（不论曾否宣战），以及政府部门的作为及不作为。

19.2 如果本合同任何一方因受不可抗力事件影响而未能履行其在本合同下的全部或部分义务，该义务的履行在不可抗力事件妨碍其履行期间应予中止。

19.3 声称受到不可抗力事件影响的一方应尽可能在最短的时间内通过书面形式将不可抗力事件的发生通知另一方，并在该不可抗力事件发生后 15 日内向另一方提供关于此种不可抗力事件及其持续时间的适当证据。声称不可抗力事件导致其对本合同的履行在客观上成为不可能或不实际的一方，有责任尽一切合理的努力消除或减轻此等不可抗力事件的影响。

19.4 不可抗力事件发生时，双方应立即通过友好协商决定如何执行本合同。不可抗力事件或其影响终止或消除后，双方须立即恢复履行各自在本合同项下的各项义务。

第二十条 适用法律与争议解决：

本合同的成立、效力、解释、执行均适用中国相关法律。有关本合同的解释、履行、不履行等的纠纷，应尽最大努力通过友好协商或和解解决。但纠纷发生后 90 日内仍无法通过协商解决时，双方选择以下第____种方式解决纠纷。

（1）仲裁。

a）本条项下的仲裁，向____仲裁中心申请仲裁，并依当时有效的____仲裁中心仲裁规则进行仲裁。仲裁语言为中文。仲裁裁决是终局的且约束当事人，可在有管辖权的法院得到承认及执行。

b）除仲裁裁决另有规定之外，仲裁费用由败诉一方承担。

c）仲裁程序进行期间，除仲裁涉及的问题之外，双方应继续履行本合同。

（2）诉讼。

双方均可向 ＿＿＿ 所在地有管辖权的法院提起诉讼。

【说明】对于不希望相关纠纷在公开渠道可查询的主体，可以在订立合同时选择仲裁条款。若选择诉讼，建议约定己方所在地有管辖权的法院。

第二十一条 其他

21.1 本合同一式三份，经双方签署后，双方各执一份，剩余一份用于中国境内所需转让合同备案使用。

21.2 本合同项下由任何一方向对方作出的所有通知事项或书面意思交换，应以中文制成，并通过直接交付、航空挂号信、传真发送到对方。合同一方的联系方式、地址或传真号变更时，应书面通知对方。

（以下无正文，以下为签名或盖章页）

甲方：（盖章）　　　　　　乙方：（盖章）

授权代表签字：　　　　　　授权代表签字：

日期：　　　　　　　　　　日期：

著作权转让合同

甲方（转让方）：【说明】写明名称、机构代码、地址、联系人、联系方式

乙方（受让方）：【说明】写明名称、机构代码、地址、联系人、联系方式

依据《中华人民共和国民法典》《中华人民共和国著作权法》和有关法规的规定，甲乙双方就著作权转让事项，经协商一致，达成如下合同，由签约双方共同恪守。

第一条 转让作品名称：＿＿＿（或附列表）。

第二条 甲方自愿将其拥有的对＿＿＿作品的著作权转让给乙方，转让权利种类为：

（1）复制权，即以印刷、复印、拓印、录音、录像、翻录、翻拍等方式将作品制作一份或者多份的权利；

（2）发行权，即以出售或者赠与方式向公众提供作品的原件或者复制件的权利；

（3）出租权，即有偿许可他人临时使用视听作品、计算机软件的原件或者复制件的权利，计算机软件不是出租的主要标的的除外；

（4）展览权，即公开陈列美术作品、摄影作品的原件或者复制件的权利；

（5）表演权，即公开表演作品，以及用各种手段公开播送作品的表演的权利；

（6）放映权，即通过放映机、幻灯机等技术设备公开再现美术、摄影、视听作品等的权利；

（7）广播权，即以有线或者无线方式公开传播或者转播作品，以及通过扩音器或者其他传送符号、声音、图像的类似工具向公众传播广播的作品的权利；

（8）信息网络传播权，即以有线或者无线方式向公众提供作品，使公众可以在其选定的时间和地点获得作品的权利；

（9）摄制权，即以摄制视听作品的方法将作品固定在载体上的权利；

（10）改编权，即改变作品，创作出具有独创性的新作品的权利；

（11）翻译权，即将作品从一种语言文字转换成另一种语言文字的权利；

（12）汇编权，即将作品或者作品的片段通过选择或者编排，汇集成新作品的权利；

（13）应当由著作权人享有的其他权利。

【说明】转让著作权可以将上述权利一并转让，也可以将上述财产权中的部分进行转让，具体情况根据交易目的决定。

第三条　转让地域范围：无地域限制。

第四条　转让费：____。

第五条　交付转让费的日期和方式：____。

第六条　陈述与保证：

6.1　甲方保证自己是转让著作权的唯一权利人；甲方有权签订本合同，可以将本合同约定的权利转让给乙方。

6.2　乙方为独立法人，依法成立、有效存在，乙方有权订立本合同以及履行本合同义务；乙方已授予其授权代表签署本合同的权利，从生效日起，本合同的条款对其具有法律约束力。

6.3　陈述及担保不实的后果：如果在本合同签订日，一方上述陈述与担保的任何一项与实际情况有实质性不符，则构成该方重大违约。

第七条　双方承诺，关于双方往来所获知对方之商业、财务信息，无论口头或书面，除应政府部门或法律法令的强制性要求外，均不得对本合同以外第三人泄露，也不得利用其作本合同以外目的使用。此保密义务于本合同终止后仍然有效，且不因本合同的终止、失效、解除而失效。任何一方违反保密义务给对方造成损失的，应予以赔偿。

第八条 合同双方约定，任何一方违反本合同约定义务，应按以下约定承担违约责任：

8.1 甲方违约责任：甲方违反本合同之权利保证，以至于损害乙方签订合同时之预期目的的，乙方有权解除合同，并可要求甲方支付约定转让费的____%作为赔偿。

8.2 乙方违约责任：乙方违反约定，逾期不支付转让费的，每逾期____日向甲方支付转让费的____%作为违约金。逾期____日的，甲方有权解除合同。

【说明】明确违约金可以降低举证难度，否则需要在发生纠纷时收集证明损失的相关证据，但违约金不宜超过合同标的的30%。

第九条 本合同的成立、效力、解释、执行均适用中国相关法律。有关本合同的解释、履行、不履行等的纠纷，应尽最大努力通过友好协商或和解解决。但纠纷发生后90日内仍无法通过协商解决时，双方选择以下第____种方式解决纠纷。

（1）仲裁。

a）本条项下的仲裁，向____仲裁中心申请仲裁，并依当时有效的____仲裁中心仲裁规则进行仲裁。仲裁语言为中文。仲裁裁决是终局的且约束当事人，可在有管辖权的法院得到承认及执行。

b）除仲裁裁决另有规定之外，仲裁费用由败诉一方承担。

c）仲裁程序进行期间，除仲裁涉及的问题之外，双方应继续履行本合同。

（2）诉讼。

双方均可向____所在地有管辖权的法院提起诉讼。

【说明】对于不希望相关纠纷在公开渠道可查询的主体，可以在订立合同时选择仲裁条款。若选择诉讼，建议约定己方所在地有管辖权的法院。

第十条　本合同一式三份，双方各执一份，另外一份用于向著作权行政管理部门备案，本合同自签订之日起生效。

（以下无正文，以下为签名或盖章页）

甲方：（盖章）　　　　　　乙方：（盖章）

授权代表签字：　　　　　　授权代表签字：

日　期：　　　　　　　　　日　期：

软件知识产权转让合同

甲方（转让方）：【说明】写明名称、机构代码、地址、联系人、联系方式

乙方（受让方）：【说明】写明名称、机构代码、地址、联系人、联系方式

依据《中华人民共和国民法典》《中华人民共和国著作权法》《计算机软件保护条例》和有关法规的规定，甲乙双方就软件知识产权转让事项，经协商一致，达成如下合同，由签约双方共同恪守。

第一条　所转让软件基本信息

甲方将其享有知识产权的＿＿＿软件及源代码之全部知识产权转让给乙方，转让软件包括以下内容：

（1）著作权。

序号	软件名称	登记号	著作权人	登记日期

（2）专利权。

序号	专利号/申请号	专利（申请）名称	申请日	专利权人	专利有效期限

（3）商标专用权。

序号	商标	注册号	国际分类	注册人	注册公告日

【说明】写明体现软件的源代码文件、说明文件等其他配套文件，同时将软件所涉及的已经登记注册的商标专用权、软件著作权或专利权（包括可能的专利申请权）的基本信息等一并列明。

第二条　转让的地域范围

2.1　甲方向乙方转让以下全部地域范围内的全部知识产权［包括但不限于著作权、商标专用权、专利权（包括专利申请权）及应当由软件权利人享有的其他权利］。

2.2　地域范围包括：【说明】如果有所区分，要明确到国家，不能仅是中国的某一省份，否则会认为是许可而非转让 。

第三条　转让费

3.1　乙方为此向甲方支付软件知识产权转让费用共计＿＿＿元。

3.2　支付方式

（1）乙方于软件交付日（＿＿＿年＿＿＿月＿＿＿日）后3个工作日向甲方支付＿＿＿元；

（2）从合同签订之日起计算＿＿＿个月内向甲方支付＿＿＿元。

第四条　甲方账户信息

乙方采用银行转账方式付款，甲方收款账号信息为：

户名：＿＿＿＿＿＿＿＿＿＿＿

账号：＿＿＿＿＿＿＿＿＿＿＿

开户行：＿＿＿＿＿＿＿＿＿＿＿

第五条　甲方权利与义务

5.1　甲方应按本合同约定向乙方转让软件产品、软件全部的源代码、技术资料及相关文档，甲方应当保证代码可直接编译为应用程序正常使用，并应保证乙方能够在此基础上对软件进行修改、维护和再开发。

5.2　甲方向乙方转让前款规定的资料后自行销毁自己的资料载体、不再保留这些资料的备份，并不得对该软件进行再开发。

5.3 自本合同签订之日起，甲方不得以任何方式向第三方泄露与该软件相关的技术内容，不得将该软件许可或转让给第三方。

5.4 甲方有义务向乙方提供相关技术支持，包括现场安装、调试系统开发平台，讲解各个功能的实现原理及方法，并解答乙方技术人员问题。

甲方及其员工方对所转让软件涉及的商业秘密特别是技术秘密负有保密义务，除法律规定或者司法机关要求外不得向任何第三方披露。

第六条 乙方权利与义务

6.1 乙方应当按本合同约定的付款方式及付款进度向甲方支付转让费。

6.2 乙方有权对此软件或源代码作出任意修改，以及对产品进行完善、升级。

第七条 违约责任

7.1 甲方未按合同要求交付软件及配套文件或乙方未按合同要求交付转让费的，每迟延一日支付违约金＿＿＿元，延迟超过 30 日的，无过错方可解除合同。

7.2 如任何一方违反本合同约定给对方造成损失，守约方均可以要求对方承担违约责任，支付违约金＿＿＿元，如实际损失金额大于违约金数额则按照实际损失金额赔偿。

【说明】明确违约金可以降低举证难度，否则需要在发生纠纷时收集证明损失的相关证据，但违约金不宜超过合同标的的 30%。

第八条 保证条款

8.1 甲方保证拥有所转让的软件及源代码的知识产权，不存在任何权利瑕疵、不违反任何法律法规规定且不侵犯任何第三方的合法权益，如甲方违反上述保证义务，乙方有权随时解除合同并要求甲方赔偿乙方的全部损失。

8.2　如若因甲方原因导致乙方不能完全享有甲方所转让的软件及源代码知识产权（包括第三方主张享有知识产权或使用权的情形）的，甲方应一次性全额向乙方退回乙方向甲方支付的价款，并支付不少于价款数额的违约金，如违约金不足以弥补乙方损失，就不足部分，乙方有权继续向甲方追偿。

【说明】针对转让标的设置权利瑕疵担保条款，主要解决标的存在侵犯第三方知识产权的情形。在交易合同中应当明确知识产权侵权等责任的承担问题，以避免带来法律纷争。

第九条　合同的补充与变更、解除、终止

9.1　补充与变更：在本合同项目过程中，甲乙双方可以采取书面的方式，对合同进行补充与修改。

9.2　本合同期间内，经双方协商并达成书面合同后可终止本合同。发生下列任一情形之一，合同一方可通过书面形式通知终止本合同：

（1）一方违反本合同，且在收到对方就该违反事项及要求纠正的通知后30日内仍未纠正的，对方可终止本合同。

（2）一方启动清算程序或者在其他交易中发生违约事项而影响本合同的履行的，对方可终止本合同。

第十条　适用法律与争议解决

本合同的成立、效力、解释、执行均适用中国相关法律。有关本合同的解释、履行、不履行等的纠纷，应尽最大努力通过友好协商或和解解决。但纠纷发生后90日内仍无法通过协商解决时，双方选择以下第____种方式解决纠纷。

（1）仲裁。

a）本条项下的仲裁，向____仲裁中心申请仲裁，并依当时有效的____仲裁中心仲裁规则进行仲裁。仲裁语言为中文。仲裁裁决是终局的且约束当事人，可在有管辖权的法院得到承认及执行。

b）除仲裁裁决另有规定之外，仲裁费用由败诉一方承担。

c）仲裁程序进行期间，除仲裁涉及的问题之外，双方应继续履行本合同。

（2）诉讼。

双方均可向＿＿＿所在地有管辖权的法院提起诉讼。

【说明】对于不希望相关纠纷在公开渠道可查询的主体，可以在订立合同时选择仲裁条款。若选择诉讼，建议约定己方所在地有管辖权的法院。

第十一条　其他

本合同自双方或双方法定代表人或其授权代表人签字并加盖公章之日起生效。本合同正本一式【说明】根据需要备案登记的知识产权种类数量确认份数，知识产权种类包括专利权、商标专用权、登记过的软件著作权份，双方各执一份，＿＿＿份用于备案登记，具有同等法律效力。

（以下无正文，以下为签名或盖章页）

甲方：（盖章）　　　　　　乙方：（盖章）

授权代表签字：　　　　　　授权代表签字：

日　期：　　　　　　　　　日　期：

商标转让合同

甲方（转让方）：【说明】写明名称、机构代码、地址、联系人、联系方式

乙方（受让方）：【说明】写明名称、机构代码、地址、联系人、联系方式

依据《中华人民共和国民法典》《中华人民共和国商标法》和有关法规的规定，甲乙双方就商标转让事项，经协商一致，达成如下合同，由签约双方共同恪守。

第一条 转让的商标名称：_____。

第二条 商标图样（贴商标图样，并由甲方盖骑缝章）。

第三条 商标注册证号：_____。

第四条 该商标下次应续展的时间：_____。

第五条 该商标取得注册所包括的商品或服务的类别及商品或服务的具体名称：_____。

第六条 甲方保证是上述商标的商标权人，并保证不存在属于甲方所有的、与上述注册商标构成相同或相近似的注册商标及使用但未注册商标。

第七条 商标权转让后，乙方的权利：

7.1 可以使用该商标的商品种类（或服务的类别及名称）：_____；

7.2 可以使用该商标的地域范围：_____。

第八条 商标转让的性质：永久性的商标权转让。

第九条 商标转让的时间：在本合同生效后，且办妥商标转让变更注

册手续后，该商标正式转归乙方。

第十条 商标转让合同生效后的变更手续：由甲方在商标转让合同生效后，办理变更注册人的手续，变更注册人所需费用由甲方承担。

第十一条 双方均承担保守对方生产经营情况秘密的义务；乙方在合同期内及合同期后，不得泄露甲方为转让该商标而一同提供的技术秘密与商业秘密。

第十二条 甲方应保证被转让的商标为有效商标，并保证没有任何第三方拥有该商标所有权，在上述转让注册商标上不存在质押、许可使用等他项权利的存在。

第十三条 商标转让的转让费与付款方式：

13.1 转让费共＿＿＿元；

13.2 付款方式及时间：本合同签订时，由乙方支付转让费的＿＿＿%（即人民币＿＿＿元），商标转让变更注册手续完成后，乙方成为上述商标的注册商标权人后，由乙方支付转让费的＿＿＿%（即人民币＿＿＿元）。

【说明】明确转让价款的支付时点。例如约定在转让登记完成后支付价款则对受让方更有利，约定合同签订后一定时间内交付价款则对转让方更有利。

第十四条 甲方保证在合同有效期内，不在该商标的注册有效地域内经营带有相同或相似商标的商品，也不得从事其他与该商品的生产、销售及提供服务等与乙方相竞争的活动。

第十五条 双方的违约责任：

15.1 甲方在本合同生效后，违反合同约定，仍在生产的商品上继续使用本商标，除应停止使用本商标外，应当支付＿＿＿元作为违约金；给对方造成损失的，还应当赔偿损失。

【说明】明确违约金可以降低举证难度，否则需要在发生纠纷时收集证明损失的相关证据。但违约金不宜超过合同标的的 30%。

15.2 乙方在合同约定的时间内，未支付商标转让费用，甲方有权拒绝转让商标，并可以通知乙方解除合同。

第十六条 适用法律与争议解决

本合同的成立、效力、解释、执行均适用中国相关法律。有关本合同的解释、履行、不履行等的纠纷，应尽最大努力通过友好协商或和解解决。但纠纷发生后 90 日内仍无法通过协商解决时，双方选择以下第____种方式解决纠纷。

（1）仲裁。

a）本条项下的仲裁，向____仲裁中心申请仲裁，并依当时有效的____仲裁中心仲裁规则进行仲裁。仲裁语言为中文。仲裁裁决是终局的且约束当事人，可在有管辖权的法院得到承认及执行。

b）除仲裁裁决另有规定之外，仲裁费用由败诉一方承担。

c）仲裁程序进行期间，除仲裁涉及的问题之外，双方应继续履行本合同。

（2）诉讼。

双方均可向____所在地有管辖权的法院提起诉讼。

【说明】对于不希望相关纠纷在公开渠道可查询的主体，可以在订立合同时选择仲裁条款。若选择诉讼，建议约定己方所在地有管辖权的法院。

第十七条 本合同自双方签字盖章之日起生效。但如果转让商标申请未经商标局核准的，本合同自然失效；甲方应当将所收取的乙方交付的转让费退还乙方。

（以下无正文，以下为签名或盖章页）

甲方：（盖章）　　　　　　　乙方：（盖章）

授权代表签字：　　　　　　　授权代表签字：

日期：　　　　　　　　　　　日期：

（二）知识产权许可合同

1. 起草合同关注要点

知识产权许可是在不改变知识产权权属的情况下，经过知识产权人的同意，授权他人在一定期限、范围内使用知识产权的法律行为。

起草知识产权许可合同重点需要关注以下条款：

（1）授权许可条款。授权许可条款应对许可性质、许可权利种类、再许可和分许可、许可限制等进行相应约定。

许可性质。在技术许可和商标许可合同中，许可性质包括普通许可、排他许可和独占许可。以技术许可中的专利许可为例，当约定为普通许可时，许可人允许被许可人许可区域内实施合同项下的专利权；同时，许可人保留自己在许可区域内实施专利权，并保留再授予第三人实施该专利的权利。在普通许可情况下，普通许可对被许可人来说其获得的专利使用权是非排他性的，因此如果合同涉及的专利被第三人擅自使用，没有另外特别约定的情况下，被许可人不得以自己的名义对侵权者起诉，而只能将有关情况告知许可人，由许可人对侵权行为采取必要措施，或者由许可人单独授权被许可人行使起诉权。当约定为排他许可时，除许可人给予被许可人实施其专利权的权利外，被许可人还可享有排除第三人使用的权利，即许可人不得把同一许可再给予任何第三人，但许可人保留自己使用该专利的权利。排他许可仅仅是排除第三人在该区域内使用该专利权。当约定为排他许可时，若出现第三人侵犯许可专利权的情况，被许可人在专利权人不起诉的情况下，可以对侵权人单独起诉。独占许可即在预定区域内，被许可人对授权使用的专利权享有独占使用权。许可人不得再将同一专利许可给第三人，许可人自己也不得在许可区域内实施该专利。被许可人的法律地位相当于"准专利权人"，当在许可区域内发现侵权行为时，被许可人可以以专利权的"利害关系人"身份直接起诉侵权者。

许可权利种类。在技术许可合同中，授权许可使用权包括制造、销售、许诺销售和进口专利产品；对于方法专利，还包括使用专利方法及使用、许诺销售、销售、进口依照该专利方法直接获得的产品。在商标许可合同中，若是商品商标，则授权许可行为包括制造、销售和售后服务过程中使用许可商标，若是服务商标即是授权在服务过程中使用许可商标。

再许可和分许可。合同中应约定被许可人的许可权利是否可以转让或分许可给第三人使用。通常情况下，由于对于被许可人的资质有特别选择和限制（在技术许可和商标许可合同中，被许可人的研发和制造水平对于许可商品的质量具有决定性影响），一般不允许被许可人转让许可权利；但又由于制作过程中的分工可能涉及产品零部件由第三人供应，所以必然涉及分许可的情况，则应进一步约定分许可的条件和程序。分许可的条件可以是第三人具备相应的制造设施、生产能力及质量控制程序，分许可的程序可以约定由被许可人向许可人书面通知拟分许可的零部件名称、第三人名称、地址和生产设施，由许可人经评估后书面批准。

许可限制。许可限制约定被许可人不得超出许可范围使用许可资料，但同时应注意不得禁止被许可人对许可知识产权的有效性提出异议。不得要求被许可人不得出售、许可或使用与许可标的技术相竞争的技术或产品。不得搭售不必要的技术、原材料、产品、设备或要求一揽子许可。

（2）维权主体的确定。对于第三人的侵权行为，判断被许可人是否有权独立以自己的名义向侵权行为人提起诉讼，需要依据许可使用合同的具体约定。若无约定，独占性专有使用权人可以依法享有诉权；排他性专有使用权人在著作权人不起诉的情况下可以以自己的名义起诉；非专有使用权人欲享有诉权需要取得著作权人的明确授权。

（3）需要明确转让行为发生前的许可行为的效力。如果合同中明确约定"转让击破许可"，则被许可人需要考虑能否接受，要考虑到被许可合同随时可能终止。如果被许可人不希望"转让击破许可"，则需要及时进行备案。同时因为这种备案的效力不明，许可合同中还应该明确就"转让不破许可、被许可方不能正常使用权利的违约责任、解除合同条件"等作出明确约定。

2. 合同范本

专利许可合同

甲方（许可方）：【说明】写明名称、机构代码、地址、联系人、联系方式

乙方（被许可方）：【说明】写明名称、机构代码、地址、联系人、联系方式

依据《中华人民共和国民法典》《中华人民共和国专利法》和有关法规的规定，甲乙双方就专利许可事项，经协商一致，达成如下合同，由签约双方共同恪守。

第一条 术语的定义

为实现本合同目的，对于下列用语作出如下定义。

1.1 "本合同项下技术"，指由许可方依法所有并许可被许可方使用的____专利及相关技术，具体内容详见本合同附件【 】。在本合同许可期限内，许可方对本合同项下专利及相关技术进行进一步研发、完善、改进等而形成的技术亦包括在本合同项下技术范围内。

1.2 "技术资料"，指包括但不限于本合同项下技术相关专利技术资料、本合同项下产品的生产、操作、销售及售后服务所需图纸、参数、数据、手册及其他技术信息，具体内容详见本合同附件【 】。

1.3 "合同区域"，指《中华人民共和国民法典》管辖的全部区域。

1.4 "专利许可费"，指本合同第五条规定的乙方向甲方支付的费用。

1.5 "本合同项下产品"，指乙方利用甲方许可的专利技术及相关技术生产出的合格产品。

1.6 "量产日"，指乙方工厂开始量产（商业化生产）本合同项下产品之日。

第二条 专利实施许可

2.1 在本合同期间内，甲方许可乙方在合同区域内____（普通性/独占性/排他性）使用本合同项下技术，但该使用权不得转让。本专利许

可____（可以／不可）再许可。

2.2　就甲方向乙方许可使用的专利及相关技术，甲方提供技术支持。甲方提供的技术支持的具体内容详见本合同第九条。

第三条　技术资料的提供

3.1　甲方于本合同签订之日起____日内，向乙方提供本合同项下技术资料，具体技术资料清单详见本合同附件【　】。

3.2　在本合同履行过程中，甲方需向乙方追加提供的技术资料或乙方向甲方要求追加的技术资料，甲方须于乙方要求之日起____日内向乙方提供。

3.3　关于本合同项下专利技术的实施许可，甲方向乙方提供的技术资料及技术支持以中文提供。

3.4　甲方未能按照上述约定履行技术资料的提供义务的，迟延提供期间每日向乙方支付____元的违约金。

第四条　产品标准及验收

4.1　产品标准：

甲方须确保乙方利用本合同项下技术生产的产品达到本合同附件【　】所列产品标准。

4.2　验收：

（1）甲方与乙方按照本合同附件【　】所规定的技术要求和验收标准对本合同项下产品共同进行验收。

（2）经共同验收，本合同项下产品符合本合同附件【　】所规定的技术要求和验收标准时，甲方与乙方将共同签署质量说明书，甲方与乙方各执一份。

（3）经共同验收，本合同项下的产品不符合本附件【　】所规定的技术要求和验收标准时，第一次验收失败，甲方与乙方应分析原因并且通过相互协商、磋商及研究采取改善措施。若本合同项下的产品通过第二次或者第三次验收，甲方与乙方可以进行上述第（2）项规定的程序。

（4）若本合同项下的产品未能通过第三次验收，甲方自第三次验收之日起每日向乙方支付____元的损害赔偿金，届时乙方负有支付义务的款项的支付时点将顺延至本合同项下产品通过验收之日止。

【说明】常用的验收标准包括既有标准和约定标准，其中既有标准包括国家标准、行业标准、团体标准、地方标准、企业标准等（注意不得使用已经淘汰的技术标准），约定标准为当事人双方认可的技术标准。另外，对于重大复杂的技术项目，双方可以约定通过专家评议、专业机构检测、委托方检测等方式进行验收。

第五条　专利许可使用费

5.1　本合同项下的专利许可使用费（以下简称"技术费"）由固定金额许可使用费（以下简称"定额许可费"）和"按产量计算的许可使用费"（以下简称"浮动许可费"）组成。

5.2　定额许可费共计为____元，乙方按照下列规定向甲方分期支付定额许可费。

（1）本合同签署且甲方履行本合同第 3.1 条项下技术资料提供义务之日起 30 日内支付定额许可费的 30%。

（2）乙方装置安装之日起 30 日内支付定额许可费的 30%。

（3）本合同项下产品通过本合同第 4.2 条项下验收之日起 30 日内，支付定额许可费的 30%。

（4）乙方工厂产品量产届满 1 年之日起 30 日内支付定额许可费的 10%。

5.3　浮动许可费为乙方在本合同项下产品销售额的____%，支付期间原则上为乙方的本合同项下产品量产日起____年。

（1）本合同项下产品销售额以乙方销售该产品的出厂价格乘以总产量计算。

（2）乙方以半年为单位向甲方支付浮动许可费，自每半年的最后一日（6 月 30 日及 12 月 31 日）起 60 日内以____形式支付。但乙方自其量产之日起 12 个月内未能发生利润时，可将上述 12 个月期间的浮动许可费延缓到下一年度最初到来的浮动许可费支付期限一并支付。如本合同终止，乙方应自本合同终止日起60日内以____形式支付含所有未付技术费在内的浮动许可费。

（3）在支付浮动许可费前，乙方应自该半年期最后一日起30日内（如本合同终止，则应在本合同终止日起30日内）向甲方提供有关浮动许可费计算内容的明细和凭证。甲方要求提供浮动许可费计算补充资料时，乙方应立即提供。

5.4　技术费应汇款至甲方指定的银行账户或以甲方向乙方书面告知的其他方式汇款，因此在中国境内产生的所有银行手续费由乙方承担，在中国境外发生的所有银行手续费由甲方承担。

5.5　未在约定期限内支付本条项下的技术费时，乙方对未付技术费自应付日之翌日起至实际支付日的期间适用____%年利率支付迟延支付利息。

第六条　承诺与保证

6.1　甲方的承诺与保证：

（1）甲方对本合同项下技术拥有合法权利，有权按照本合同约定向乙方提供本合同项下技术并授权乙方本合同项下权利。

（2）甲方提供给乙方的技术与甲方在自己工厂使用的技术具有相同的质量标准和功能。

（3）截至本合同签订日，本合同项下技术中包含的专利权均在有效保护期内，所有专有技术均合法有效，可用于本合同项下目的。

（4）甲方承诺，本合同项下技术及其授权乙方的权利不会侵犯任何第三人的专利权、商业秘密等知识产权及其他权利，有关本合同项下技术不存在任何未决的或潜在的诉讼、仲裁、行政等程序。若任何第三方称乙方使用本合同项下技术的行为侵犯了其知识产权或其他权利，由此而引起的任何诉讼或法律请求由甲方负责应诉、抗辩、和解、承担相应责任，以使乙方免责。

（5）甲方承诺，在本合同有效期内维持本合同项下技术所涉及专利的有效性，按时缴纳专利年费，积极维护专利权不被侵犯。如遇侵权行为应当与乙方共同商议维权方案；如果甲方意欲放弃维权，应当通过书面合同授予乙方向人民法院起诉被控侵权方的权利。

6.2 乙方的承诺与保证：

（1）乙方保证，在本合同期间内，仅在合同区域内以本合同项下产品的制造为目的使用本合同项下技术，不以其他目的使用本合同项下技术。

（2）按照本合同约定履行专利实施许可费的支付义务。

【说明】本条款主要解决标的物存在侵犯第三方知识产权的情形。在交易合同中应当针对转让标的设置权利瑕疵担保条款，明确知识产权侵权等责任的承担问题，避免由此带来法律纷争。

第七条　保密义务

7.1 乙方对于本合同项下技术应予以保密。除下列情形外，未经甲方事先书面同意，任何情形下均不得向第三方公开或泄露：

（1）为履行乙方在本合同项下的义务之目的，针对需知悉该内容的乙方的高管、员工签署"保密约定书"后，仅在业务所需范围内向其公开。

（2）法律上负有对政府及其他公共机构进行公开的义务时，但乙方应在公开前向甲方通知该事实。

7.2 乙方应尽最大努力对本合同项下技术予以保密，并应自负费用履行有关保密的措施和程序。

7.3 无论何种原因，本合同的全部或部分条款被终止时，乙方应立即返还并清除甲方提供的所有保密信息。乙方依本条向甲方返还的保密信息包括书面资料、电子文档、图纸等所有形式，尤其包括要求返还时甲方将其分类为"保密信息"并要求乙方返还的所有保密信息。

7.4 保密义务直至商业秘密信息依法公开披露方书面通知解密而不需保密时止。一方违反上述保密义务的，应当支付____元作为违约金。一方的违约行为给另一方造成损失的，应当赔偿守约方损失。

【说明】明确违约金可以降低举证难度，否则需要在发生纠纷时收集证明损失的相关证据，但违约金不宜超过合同标的的30%。

第八条 技术改进

8.1 本合同期间内乙方通过对本合同项下技术的改进、开发所形成的（以下简称"改进技术"）知识产权由乙方所有。

或：为使乙方满足高新技术企业认定条件等有利于乙方之目的，就甲方许可乙方使用的专利及技术，乙方就其进行的后续改进有权在中国境内（或者其他国家或地区）申请专利权。

或：乙方不得就甲方许可的专利进行后续改进，亦不得就任何改进技术申请专利。

或：乙方可以就甲方许可的专利进行后续改进，对于改进技术所涉及的专利申请权、专利权或商业秘密等知识产权归甲乙双方共有。

【说明】本条给出 4 种约定情形，可根据需要选择适用。合同应当明确关注后续改进技术成果的归属，以避免后续产生纠纷。

8.2 属于下列情形之一，乙方应取得甲方的事先书面同意：

（1）向第三方公开或提供改进技术而涉及本合同项下技术时；

（2）就产品制造及销售，向第三方再许可改进技术的全部或部分而涉及本合同项下技术时。

【说明】若本合同第 2.1 条允许再许可，可作此项约定。

第九条 技术支持

9.1 乙方认为必要时，甲方应向乙方主管技术、运营的高管等人员提供包含下列内容的、有关技术的支持及培训：

（1）本合同项下产品生产所需生产设备的技术支持。

（2）本合同项下产品生产所需设备运营和质量管理等相关技术的咨询及培训。

（3）具体内容见本合同附件【　】。

9.2 如乙方认为需由甲方进行现场技术支持，甲方为提供现场技术支持而离开办公场所所在城市出差时，乙方承担由此产生的差旅费（含交通费、食宿费）。

9.3 乙方认为必要时，可要求甲方向乙方的高管及职员提供培训，对于该培训，乙方向甲方支付每日____元的培训费。乙方的高管及职员参加上述培训项目所需的各种实际支出的差旅费（含交通费、食宿费）由乙方承担。

9.4　关于第9.2条及9.3条项下技术支持，当乙方认为必要时，甲方应事先向乙方提供技术支持内容、负责人、方式、费用预算、效果等方案，经乙方确认并同意后具体实施。

第十条　知识产权保护

10.1　未经甲方事先书面同意，无论是合同区域内外，乙方不得对本合同项下技术申请注册或注册与甲方的知识产权相同或类似的任何知识产权，但乙方依据本合同第八条约定申请专利的除外。乙方发现对本合同项下技术存在任何形态的侵权事实或侵权可能性的，应立即书面通知甲方。

10.2　如有第三方主张乙方实施本合同项下技术侵害其技术或其他知识产权，或对此采取了相关法律程序，乙方应立即通知甲方，并向甲方提供相关资料。未经甲方事先同意，乙方不得就上述第三方主张或法律程序作出任何应对、协商、达成合意。如乙方违反本条项下的义务，甲方不承担就上述第三方主张或法律程序为乙方进行防御或予以免责的责任。

第十一条　法律的遵守

11.1　就本合同项下的义务履行，乙方知晓并应遵守中国的所有法律、规定、规则，应申请、遵守和维持相关机构要求的政府的所有认证、注册、使用许可等。为使双方在中国现行法律或规则下实行、主张和享有本合同中包含的所有权利义务，乙方应提供必要的支持。乙方应为顺利获得专利许可所需的注册和必要的审批承担费用。

11.2　如合同一方违反或不履行本合同，合同相对方拥有获得法律救济的全部权利。

第十二条　合同期间

本合同期间自签约日开始，并在乙方合同项下产品量产日起满____年之日届满。

【说明】合同期间也可由双方约定固定期限。

第十三条　合同终止及违约责任

13.1　本合同期间内，经双方协商并达成书面合同后可终止本合同。

13.2　发生下列任一情形，合同一方可通过书面形式通知终止本合同。

（1）一方违反本合同，且在收到对方就该违反事项及要求纠正的通知后30日内仍未纠正的，对方可终止本合同。

（2）因一方当事人的原因乙方自本合同签订后＿＿个月内未能进行本合同项下产品量产或停止产品制造长达＿＿个月及以上时，无归责事由的当事人可终止本合同。

（3）一方当事人启动清算程序，或其全部或部分事业或任何资产依据所在国破产法指定财产管理人、经营管理人、其他第三方时，或与其债权人或债务人协商或达成合意，从而影响本合同履行的，对方可终止本合同。

（4）一方当事人试图中断、废弃其经营的全部或部分事业，或将事业、财产或资产的全部或实质部门向第三方进行处分或企图处分，或在其他交易中发生违约事项从而影响本合同的履行的，对方可终止本合同。

（5）本合同项下技术中包括的专利保护期届满，本合同自动终止。

13.3　本合同因乙方原因终止时，乙方应立即向甲方返还甲方提供的原始技术、技能相关所有图纸、材料、其他文件、软件等（不受其形式所限），并立即停止利用本合同项下技术生产及销售产品。本合同因甲方原因终止时，乙方可在原使用范围内继续使用本合同项下技术生产及销售产品。

13.4　本合同终止或届满时，乙方应向甲方支付按照本合同第5.3条，截至终止或届满日其欠付甲方的浮动技术费，并应立即向甲方支付除此之外对于甲方负有支付义务的费用。本合同实际履行期限未满＿＿年，因甲方原因终止本合同的，甲方应向乙方返还乙方已支付的定额许可费，返还金额为＿＿。

13.5 任何一方违反本合同致使对方当事人受损失时，违约当事人应赔偿对方受到的损失。

13.6 本条及本合同第七条、第十条、第十一条，在本合同届满或终止后仍然有效。

【说明】对于有期限的合同，应当明确知识产权处理条款及保密条款的永久有效性。

第十四条 不可抗力

14.1 不可抗力事件指受影响一方不能预见、不能避免且不能克服的客观情况，并于本合同签订日之后出现的，使该方对本合同全部或部分的履行在客观上成为不可能或不实际的任何事件。此等事件包括但不限于水灾、火灾、旱灾、台风、地震及其他自然灾害，交通意外，罢工，骚动，暴乱及战争（不论曾否宣战），以及政府部门的作为及不作为。

14.2 如果本合同任何一方因受不可抗力事件影响而未能履行其在本合同下的全部或部分义务，该义务的履行在不可抗力事件妨碍其履行期间应予中止。

14.3 声称受到不可抗力事件影响的一方应尽可能在最短的时间内通过书面形式将不可抗力事件的发生通知另一方，并在该不可抗力事件发生后15日内向另一方提供关于此种不可抗力事件及其持续时间的适当证据。声称不可抗力事件导致其对本合同的履行在客观上成为不可能或不实际的一方，有责任尽一切合理的努力消除或减轻此等不可抗力事件的影响。

14.4 不可抗力事件发生时，双方应立即通过友好协商决定如何执行本合同。不可抗力事件或其影响终止或消除后，双方须立即恢复履行各自在本合同项下的各项义务。

第十五条 对于第三方的义务及赔偿

因乙方的产品制造、销售而直接或间接发生的或者因乙方的作为和／或不作为等而使乙方遭受的任何形态的债务、损害、损失等，甲方不承担任何责任。与此相关，乙方应自己负担费用为甲方进行防御并使甲方免责。

第十六条 代理人

16.1 本合同期间，乙方不得作出代理甲方购买、销售或引发甲方的债务或以任何形态使得第三方向甲方主张债权的行为。

16.2 本合同的任何条款或条件，不会引发甲方和乙方之间的代理关系，乙方不得以明示或默认的方式作出使得第三方误认为乙方为甲方代理人的任何行为。

第十七条 弃权及转让

17.1 任何一方基于本合同行使权利，不得视为对于本合同项下其他权利及救济手段的放弃，也不限制本合同或相关法律法规上其他权利及救济手段的行使。

17.2 未经对方事先书面同意，任何一方不得向第三方转让本合同项下的权利义务。未经甲方事先书面同意，乙方不得将本合同项下技术使用权转让给第三方、许可及再许可或作为担保及其他限制物权的标的物。

第十八条 合同的签订

18.1 就本合同项下技术的使用许可，本合同可约束双方当事人，并替代本合同签订前达成的书面或口头合意。双方以中文制成本合同，本合同一式三份，经双方签订后，双方各执一份，剩余一份用于中国境内所需许可合同备案。

18.2 因相关法律法规的制定或变更导致本合同项下部分条款变更时，不会对与变更的条款直接具有关联性的本合同项下其他条款及条件或与此相关的本合同项下当事人的权利义务的行使造成任何影响。

第十九条 税务

就本合同的签订，除非本合同另有规定，对于相关一方发生的所有税款，由各方各自承担。

第二十条 通知及通知程序

本合同项下由任何一方向对方作出的所有通知事项或书面意思交换，

应以中文制成，并通过直接交付、航空挂号信、传真发送到对方。合同一方联系方式或地址变更时，应书面通知对方。

第二十一条　适用法律与争议解决

本合同的成立、效力、解释、执行均适用中国相关法律。有关本合同的解释、履行、不履行等的纠纷，应尽最大努力通过友好协商或和解解决。但纠纷发生后90日内仍无法通过协商解决时，双方选择以下第____种方式解决纠纷。

（1）仲裁。

a）本条项下的仲裁，向____仲裁中心申请仲裁，并依当时有效的____仲裁中心仲裁规则进行仲裁。仲裁语言为中文。仲裁裁决是终局的且约束当事人，可在有管辖权的法院得到承认及执行。

b）除仲裁裁决另有规定之外，仲裁费用由败诉一方承担。

c）仲裁程序进行期间，除仲裁涉及的问题之外，双方应继续履行本合同。

（2）诉讼。

双方均可向____所在地有管辖权的法院提起诉讼。

【说明】对于不希望相关纠纷在公开渠道可查询的主体，可以在订立合同时选择仲裁条款。若选择诉讼，建议约定己方所在地有管辖权的法院。

（以下无正文，以下为签名或盖章页）

甲方：（盖章）　　　　　　　　乙方：（盖章）

授权代表签字：　　　　　　　　授权代表签字：

日期：　　　　　　　　　　　　日期：

商业秘密许可合同

甲方（许可方）：【说明】写明名称、机构代码、地址、联系人、联系方式

乙方（被许可方）：【说明】写明名称、机构代码、地址、联系方式

依据《中华人民共和国民法典》和有关法规的规定，甲乙双方就商业秘密许可事项，经协商一致，达成如下合同，由签约双方共同恪守。

第一条 甲方许可乙方使用的商业秘密内容及范围如下：

1.1 本项目涉及的技术资料，包括但不限于【说明】写明技术资料名称或者附件等。

1.2 本项目的密件，包括但不限于甲方提供给乙方使用的____设备、____产品等。

1.3 实现项目目的其他保密信息，包括【说明】写明其他需要保密的信息，例如邮件中约定保密的事项、沟通中知晓的保密事项等。

第二条 许可使用上述商业秘密的权限如下：

2.1 许可使用上述商业秘密的地域：____

2.2 商业秘密许可使用权的性质：____（独占／排他／普通）许可使用。

2.3 被许可方是否可以再许可：____

第三条 商业秘密许可使用期限：自____年____月____日起，至____年____月____日止。

第四条 商业秘密许可使用费用：自本合同签订之日起____日内，乙方向甲方____（一次性支付／分期支付）商业秘密许可使用费____元整。

第五条 陈述与保证：

5.1 甲方保证自己是所许可商业秘密权利人；甲方有权签订本合同将本合同规定的权利授予乙方。

5.2 在合同履行过程中，因第三方指控被许可的商业秘密侵权所引起的法律和经济上的责任由甲方承担。

5.3 乙方为独立法人，依法成立、存续，乙方有权签订本合同并履行本合同义务；乙方已授予其授权代表签订本合同的权利，从本合同生效日起，本合同的条款对其具有法律约束力。

5.4 乙方签订本合同以及履行本合同义务：

（1）不会违反其营业执照、成立合同、章程或类似组织文件的任何规定。

（2）不会违反任何相关法律或任何政府授权、批准。

（3）不会违反乙方作为当事人一方的任何其他合同。

（4）不存在将影响乙方履行本合同义务的能力的已经发生且尚未了结的诉讼、仲裁或其他司法、行政程序。

5.5 如果在本合同签订日，一方上述陈述与担保的任何一项与实际情况有实质性不符，则构成该方重大违约。

第六条 甲方应根据乙方生产需求，应在＿＿＿年＿＿＿月＿＿＿日前提供密件及商业秘密资料供乙方使用，并应乙方需求，提供必要的设备安装、技术指导及维修支持。

第七条 在商业秘密许可期间，甲方向乙方提供必要的技术支持。

7.1 乙方认为必要时，甲方向乙方的主管技术、运营的高管等人员提供包含下列内容的、有关技术的支持及培训：

（1）本合同项下产品生产所需生产设备的技术支持。

（2）本合同项下产品生产所需设备运营和质量管理等相关技术的咨询及培训。

7.2 就本条项下的技术支持，如乙方认为需由甲方进行现场技术支持，甲方为提供现场支持而离开办公场所所在城市出差时，乙方承担由此产生的差旅费（含交通费、食宿费）。

7.3 乙方认为必要时，可要求甲方向乙方的高管及职员提供培训，对于该培训，乙方向甲方支付每日＿＿＿元的培训费。乙方的高管及职员参加上述培训项目所需的各种实际支出的差旅费（含交通费、食宿费）由乙方承担。

7.4 关于本条所称技术支持，当乙方认为必要时，甲方应事先向乙方提供技术支持内容、负责人、方式、费用预算、效果等方案，经乙方确认并同意后具体实施。

第八条 甲方需确保乙方利用本合同项下技术生产的产品达到本合同附件【　】所列产品标准。甲方与乙方按照产品标准对产品共同进行验收。

8.1 经共同验收，本合同项下产品符合本合同附件【　】所规定的技术要求和验收标准时，甲方与乙方将共同签署质量说明书，甲方与乙方各执一份。

8.2 经共同验收，本合同项下的产品不符合本附件【　】所规定的技术要求和验收标准时，甲方与乙方应分析原因并且通过相互协商、磋商及研究采取改善措施。若本合同项下的产品通过第二次或者第三次验收，甲方与乙方可以进行上述第8.1条规定的程序。

8.3 若本合同项下的产品未能通过第三次验收，甲方自第三次验收之日起每日向乙方支付＿＿＿元的损害赔偿金。

【说明】常用的验收标准包括既有标准和约定标准，其中既有标准包括国家标准、行业标准、团体标准、地方标准、企业标准等（注意不得使用已经淘汰的技术标准），约定标准为当事人双方认可的技术标准。另外，对于重大复杂的技术项目，双方可以约定通过专家评议、专业机构检测、委托方检测等方式进行验收。

第九条 乙方对甲方许可其使用的商业秘密及其他在合作过程中知悉的甲方商业秘密负有保密义务：

9.1 未经甲方书面同意，乙方不得以任何方式使用或向任何第三方披露、转让、许可本合同保密内容。

9.2 乙方应当对甲方披露的保密信息采取合理充分的、不低于自身商业秘密保护水平的保护措施，对保密信息及其载体予以妥善保存，履行审慎保管义务。

9.3 乙方应当要求项目人员及能够接触保密资料的雇员签订保密协议。

9.4 未经甲方书面同意，乙方不得为任何第三方提供与本合同保密内容相关或类似的咨询、服务。

9.5 在项目合作结束后的____个工作日内或者甲方要求时，乙方应根据甲方要求送还所有涉密材料和密件，或者根据甲方要求在甲方监督下进行销毁。

9.6 若乙方发现可能的泄密或泄密迹象，应立即采取措施防止损失进一步扩大，并及时通知甲方。

9.7 保密义务直至商业秘密信息被依法公开而不需保密时止。

第十条 本合同期间乙方通过对本合同项下技术的改进、开发所形成的（以下简称"改进技术"）知识产权由乙方所有。

或：乙方不得就甲方许可的技术进行后续改进，亦不得就任何改进专利申请专利。

或：乙方可以就甲方许可的技术进行后续改进，对于改进技术所涉及的专利申请权、专利权或商业秘密等知识产权归甲乙双方共有。

第十一条 就本合同项下的商业秘密许可，本合同可约束双方当事人，并替代本合同签订前的书面或口头合意。双方以中文制成本合同。本合同____文版和中文版的内容不一致的，优先适用中文版。

第十二条 本合同项下由任何一方向对方作出的所有通知事项或书面意思交换，应以中文制成，并通过直接交付、航空挂号信、传真发送到对方。合同一方地址或联系方式变更时，应书面通知对方。

第十三条　本合同的成立、效力、解释、执行均适用中国相关法律。有关本合同的解释、履行、不履行等的纠纷，应尽最大努力通过友好协商或和解解决。但纠纷发生后 90 日内仍无法通过协商解决时，双方选择以下第＿＿种方式解决纠纷。

（1）仲裁。

a）本条项下的仲裁，向＿＿＿仲裁中心申请仲裁，并依当时有效的＿＿＿仲裁中心仲裁规则进行仲裁。仲裁语言为中文。仲裁裁决是终局的且约束当事人，可在有管辖权的法院得到承认及执行。

b）除仲裁裁决另有规定之外，仲裁费用由败诉一方承担。

c）仲裁程序进行期间，除仲裁涉及的问题之外，双方应继续履行本合同。

（2）诉讼。

双方均可向＿＿＿所在地有管辖权的法院提起诉讼。

【说明】对于不希望相关纠纷在公开渠道可查询的主体，可以在订立合同时选择仲裁条款。若选择诉讼，建议约定己方所在地有管辖权的法院。

第十四条　本合同未尽事宜，按《中华人民共和国民法典》的有关规定，经双方协商，作出补充合同，补充合同与本合同具有同等效力。

第十五条　本合同一式两份，双方各执一份，本合同自签订之日起生效。

（以下无正文，以下为签名或盖章页）

甲方：（盖章）　　　　　　　乙方：（盖章）

授权代表签字：　　　　　　　授权代表签字：

日期：　　　　　　　　　　　日期：

著作权许可使用合同

甲方（许可方）：【说明】写明名称、机构代码、地址、联系人、联系方式

乙方（被许可方）：【说明】写明名称、机构代码、地址、联系人、联系方式

依据《中华人民共和国民法典》《中华人民共和国著作权法》和有关法规的规定，甲乙双方就著作权许可事项，经协商一致，达成如下合同，由签约双方共同恪守。

第一条 许可著作权的基本情况如下（如有多个著作权可以附表）：

（1）许可使用的作品名称：_____。

（2）著作权持有人的名称：_____。

（3）著作权持有人的地址：_____。

第二条 许可使用著作权的权限如下：

（1）授权内容包括授权作品的复制权、发行权、出租权、展览权、表演权、广播权、信息网络传播权、摄制权、改编权、翻译权、汇编权以及应当由著作权人享有的其他权利。

【说明】授权内容可根据实际情况进行选择和修改。

（2）许可使用著作权的地域为____。

（3）著作权许可使用权的性质为____（独占／排他／普通许可）。

（4）是否可以再许可：____（是／否）。

第三条 许可使用著作权的期限：自____年____月____日起，至____年____月____日止。

第四条 著作权许可使用费用：自本合同签订之日起____日内，乙方向甲方一次性支付著作权许可使用费____元整。

第五条 陈述与保证：

5.1 甲方保证自己是所许可著作权的权利人；甲方有权签订本合同将本合同约定的权利授予乙方。

5.2 甲方保证是本合同约定之著作权的合法权利人，并保证有权授予乙方在约定范围内使用。在合同履行过程中，因第三方指控著作权侵权所引起的法律和经济上的责任由甲方承担。

5.3 乙方为独立法人，依法成立并存续，乙方有权签订本合同并履行本合同义务；乙方已授予其授权代表签订本合同的权利，从本合同生效日起，本合同的条款对其具有法律约束力。

5.4 乙方签订本合同及履行本合同义务：

（1）不会违反其营业执照、成立合同、章程或类似组织文件的任何规定。

（2）不会违反任何相关法律或任何政府授权、批准。

（3）不会违反乙方作为当事人一方的任何其他合同。

（4）不存在将影响乙方履行本合同义务的能力的已经发生且尚未了结的诉讼、仲裁或其他司法、行政程序。

5.5 如果在本合同签订日，一方上述陈述与担保的任何一项与实际情况有实质性不符，则构成该方重大违约。

第六条 （在独占／排他许可情况下）甲方保证积极保护著作权，打击著作权侵权行为，积极应诉。若甲方放弃诉权或不积极应诉，乙方有权代为行使诉权、应诉或采取其他保护著作权的措施。

第七条 甲方应当在＿＿年＿＿月＿＿日前向乙方交付一套完整的许可著作权内容，交付方式为＿＿。

第八条 双方承诺，关于双方往来所获知对方之商业、财务信息，无论口头或书面，除应政府部门或法律法令的强制性要求外，均不得对本合同以外第三人泄露，也不得利用其作本合同以外目的的使用，此保密义务于本合同终止后仍然有效，且不因本合同的终止、失效、解除而失效。任何一方违反保密义务给对方造成损失的，应予以赔偿。

第九条　合同双方约定，任何一方违反本合同约定义务，应按以下约定承担违约责任：

9.1　甲方违约责任：甲方违反本合同之权利保证，以至于损害乙方签订合同时之预期目的的，乙方有权解除本合同，并可要求甲方支付约定许可使用费的____%作为赔偿。

9.2　乙方违约责任：乙方违反约定，逾期不支付许可使用费的，每逾期____日向甲方支付许可使用费的____%作为违约金。逾期____日的，甲方有权解除本合同。

【说明】明确违约金可以降低举证难度，否则需要在发生纠纷时收集证明损失的相关证据，但违约金不宜超过合同标的的 30%。

第十条　发生下列任一情形之一，合同一方可通过书面形式通知终止本合同。

10.1　一方违反本合同，且在收到对方就该违反事项及要求纠正的通知后 30 日内仍未纠正的，对方可终止本合同。

10.2　一方当事人启动清算程序，或其全部或部分事业或任何资产依据所在国破产法指定财产管理人、经营管理人、其他第三方时，或与其债权人或债务人协商或达成合意，从而影响本合同履行的，对方可终止本合同。

10.3　一方当事人试图中断、废弃其经营的全部或部分事业，或者将事业、财产或资产的全部或实质部门向第三方进行处分或企图处分，或者在其他交易中发生违约事项从而影响本合同的履行的，对方可终止本合同。

10.4　本合同项下技术中包括的所有著作权保护期届满，本合同自动终止。

第十一条　不可抗力

11.1　不可抗力事件指受影响一方不能预见、不能避免且不能克服的客观情况，并于本合同签订日之后出现的，使该方对本合同全部或部分的履行在客观上成为不可能或不实际的任何事件。此等事件包括但不限于水灾、火灾、旱灾、台风、地震及其他自然灾害，交通意外，罢工，骚动，暴乱及战争（不论曾否宣战），以及政府部门的作为及不作为。

11.2　如果本合同任何一方因受不可抗力事件影响而未能履行其在本合同下的全部或部分义务，该义务的履行在不可抗力事件妨碍其履行期间应予中止。

11.3　声称受到不可抗力事件影响的一方应尽可能在最短的时间内通过书面形式将不可抗力事件的发生通知另一方，并在该不可抗力事件发生后15日内向另一方提供关于此种不可抗力事件及其持续时间的适当证据。声称不可抗力事件导致其对本合同的履行在客观上成为不可能或不实际的一方，有责任尽一切合理的努力消除或减轻此等不可抗力事件的影响。

11.4　不可抗力事件发生时，双方应立即通过友好协商决定如何执行本合同。不可抗力事件或其影响终止或消除后，双方须立即恢复履行各自在本合同项下的各项义务。

第十二条　适用法律与争议解决

本合同的成立、效力、解释、执行均适用中国相关法律。有关本合同的解释、履行、不履行等的纠纷，应尽最大努力通过友好协商或和解解决。但纠纷发生后90日内仍无法通过协商解决时，双方选择以下第____种方式解决纠纷。

（1）仲裁。

a）本条项下的仲裁，向____仲裁中心申请仲裁，并依当时有效的____仲裁中心仲裁规则进行仲裁。仲裁语言为中文。仲裁裁决是终局的且约束当事人，可在有管辖权的法院得到承认及执行。

b）除仲裁裁决另有规定之外，仲裁费用由败诉一方承担。

c）仲裁程序进行期间，除仲裁涉及的问题之外，双方应继续履行本合同。

（2）诉讼。

双方均可向＿＿所在地有管辖权的法院提起诉讼。

【说明】对于不希望相关纠纷在公开渠道可查询的主体，可以在订立合同时选择仲裁条款。若选择诉讼，建议约定己方所在地有管辖权的法院。

第十三条 本合同一式三份，双方各执一份，一份用于著作权行政管理部门备案，本合同自签订之日起生效。

（以下无正文，以下为签名或盖章页）

甲方：（盖章）　　　　　　　乙方：（盖章）

授权代表签字：　　　　　　　授权代表签字：

日期：　　　　　　　　　　　日期：

商标许可合同

甲方（许可方）：【说明】写明名称、机构代码、地址、联系人、联系方式

乙方（被许可方）：【说明】写明名称、机构代码、地址、联系人、联系方式

依据《中华人民共和国民法典》《中华人民共和国商标法》和有关法规的规定，甲乙双方就商标许可事项，经协商一致，达成如下合同，由签约双方共同恪守。

第一条 许可使用商标的基本情况如下（如有多个商标可以附表）：

（1）许可使用的商标名称：＿＿＿＿＿＿＿＿

（2）商标注册号：＿＿＿＿＿＿＿＿＿＿＿

（3）商标注册有效期限：＿＿＿＿＿＿＿＿

（4）商标持有人名称：＿＿＿＿＿＿＿＿＿

（5）商标持有人地址：＿＿＿＿＿＿＿＿＿

第二条 许可使用商标的权限如下：

（1）许可使用的商品种类为＿＿＿。

（2）许可使用商标的地域为【说明】参考写法：中华人民共和国境内（不包括港澳台地区）/全球。

（3）商标许可使用权的性质为＿＿＿（独占许可/排他许可/普通许可）。

（4）是否可以再许可：＿＿＿（是/否）。

第三条 许可使用商标的期限：自＿＿＿年＿＿＿月＿＿＿日起，至＿＿＿年＿＿＿月＿＿＿日止。

第四条 商标许可使用费用：自本合同签订之日起＿＿＿日内，乙方向甲方一次性支付商标许可使用费＿＿＿元整。

第五条 陈述与保证：

5.1 甲方保证自己是本许可商标的所有权人；甲方有权签订本合同将本合同约定的权利授予乙方。但是，甲方对乙方制造和销售的产品或提供的服务不作任何担保。

5.2 甲方保证在合同履行过程中，因第三方指控商标侵权所引起的法律和经济上的责任由甲方承担。

5.3 乙方为独立法人，依法成立、存续，乙方有权签订本合同并履行本合同义务；乙方已授予其授权代表签订本合同的权利，从本合同生效日起，本合同的条款对其具有法律约束力。

5.4 乙方签订本合同以及履行本合同义务：

（1）不会违反其营业执照、成立合同、章程或类似组织文件的任何规定。

（2）不会违反任何相关法律或任何政府授权、批准。

（3）不会违反乙方作为当事人一方的任何其他合同。

（4）不存在将影响乙方履行本合同义务的能力的已经发生且尚未了结的诉讼、仲裁或其他司法、行政程序。

5.5 如果在本合同签订日，一方上述陈述与担保的任何一项与实际情况有实质性不符，则构成该方重大违约。

第六条 甲方应负责商标的续展及保障商标注册效力的手续。

第七条 （在独占/排他许可情况下）甲方保证积极保护商标权，打击商标侵权行为，积极应诉。若甲方放弃诉权或不积极应诉，乙方有权代为行使诉权、应诉或采取其他保护商标权的措施。

第八条 甲方应当在____年____月____日前向乙方交付一套完整的许可商标图样，交付方式为____。

第九条 乙方承诺不超越许可使用商品范围和地域使用该商标。

第十条 未经甲方书面授权，乙方不得以任何形式和理由将本合同许可商标再许可第三方使用。若乙方供应商需使用本合同许可商标，乙方需将供应商名单及准备使用的商标等资料报送甲方，由甲方与其供应商业签订商标使用许可合同。

第十一条 乙方应按照《中华人民共和国商标法》《商标印制管理办法》及甲方对商标标志管理的规定进行本合同许可商标标识印制、标注和使用，不得任意改变本合同许可商标的文字、图形或者其组合。

第十二条 产品质量及使用监控

12.1 使用本合同许可商标的产品在初次投放市场或初次进入商业流通之前，或者任何使用许可本合同商标的广告和文字材料发表之前，乙方应将该产品广告或文字材料的样本送交甲方认可。

12.2 乙方应保证使用本合同许可商标的产品的质量，甲方有权监督乙方使用本合同许可商标的产品的质量。乙方应在使用本合同许可商标时说明该商标由甲方授权使用。

12.3 在本合同有效期内，一旦甲方提出要求，乙方应及时向甲方提交使用本合同许可商标的产品及其宣传广告样品或样本。如果该产品或广告不符合甲方的规格和标准，甲方可行使其否定权，乙方则应停止销售这种被否定的产品，停止使用这种被否定的广告。乙方必须克服该产品和广告上的缺点，在取得甲方的认可后，才能重新开始销售该产品或使用该广告。

第十三条 乙方在许可商标的使用过程中保证不损害甲方的名誉和利益，乙方理解并同意：除本合同规定的许可商标的使用权外，本合同未授予乙方任何其他权利、资格或利益。乙方承诺在使用许可商标期间产生的商标知名度提升等结果将归属于甲方，乙方不得对商标所有权、商誉增值、知名度增值等事项主张任何权利。

第十四条 双方承诺，关于双方往来所获知对方之商业、财务信息，无论口头或书面形式，除应政府部门或法律法令的强制性要求外，均不得对本合同以外第三人泄露，也不得利用其作本合同以外目的使用，此保密义务于本合同终止后仍然有效，且不因本合同的终止、失效、解除而失效。任何一方违反保密义务给对方造成损失的，应予以赔偿。

第十五条 违反本合同约定义务，应按以下约定承担违约责任：

15.1 甲方违约责任：甲方违反本合同第五条，以致损害乙方签订本合同时之预期目的的，乙方有权解除合同，并可要求甲方支付约定许可使用费的____%作为赔偿。

15.2 乙方违约责任：乙方违反约定，逾期不支付许可使用费的，每逾期____日向甲方支付许可使用费的____%作为违约金。逾期____日的，甲方有权解除合同。

【说明】明确违约金可以降低举证难度，否则需要在发生纠纷时收集证明损失的相关证据，但违约金不宜超过合同标的的30%。

第十六条 发生下列任一情形，合同一方可通过书面形式通知终止本合同。

16.1 一方违反本合同，且在收到对方就该违反事项要求纠正的通知后30日内仍未纠正的，对方可终止本合同。

16.2 一方当事人启动清算程序，或其全部或部分事业或任何资产依据所在国破产法指定财产管理人、经营管理人、其他第三方时，或与其债权人或债务人协商或达成合意，从而影响本合同履行的，对方可终止本合同。

16.3 一方当事人试图中断、废弃其经营的全部或部分事业，或将事业、财产或资产的全部或实质部门向第三方进行处分或企图处分，或在其他交易中发生违约事项从而影响本合同的履行的，对方可终止本合同。

16.4 本合同项下技术中包括的所有商标保护期届满，本合同自动终止。

第十七条　不可抗力：

17.1　不可抗力事件指受影响一方不能预见、不能避免且不能克服的客观情况，并于本合同签订日之后出现的，使该方对本合同全部或部分的履行在客观上成为不可能或不实际的任何事件。此等事件包括但不限于水灾、火灾、旱灾、台风、地震及其他自然灾害，交通意外，罢工，骚动，暴乱及战争（不论曾否宣战），以及政府部门的作为及不作为。

17.2　如果本合同任何一方因受不可抗力事件影响而未能履行其在本合同下的全部或部分义务，该义务的履行在不可抗力事件妨碍其履行期间应予中止。

17.3　声称受到不可抗力事件影响的一方应尽可能在最短的时间内通过书面形式将不可抗力事件的发生通知另一方，并在该不可抗力事件发生后 15 日内向另一方提供关于此种不可抗力事件及其持续时间的适当证据。声称不可抗力事件导致其对本合同的履行在客观上成为不可能或不实际的一方，有责任尽一切合理的努力消除或减轻此等不可抗力事件的影响。

17.4　不可抗力事件发生时，双方应立即通过友好协商决定如何执行本合同。不可抗力事件或其影响终止或消除后，双方须立即恢复履行各自在本合同项下的各项义务。

第十八条　本合同的成立、效力、解释、执行均适用中国相关法律。有关本合同的解释、履行、不履行等的纠纷，应尽最大努力通过友好协商或和解解决。但纠纷发生后 90 日内仍无法通过协商解决时，双方选择以下第____种方式解决纠纷。

（1）仲裁。

a）本条项下的仲裁，向____仲裁中心申请仲裁，并依当时有效的____仲裁中心仲裁规则进行仲裁。仲裁语言为中文。仲裁裁决是终局的且约束当事人，可在有管辖权的法院得到承认及执行。

b）除仲裁裁决另有规定之外，仲裁费用由败诉一方承担。

c）仲裁程序进行期间，除仲裁涉及的问题之外，双方应继续履行本合同。

（2）诉讼。

双方均可向＿＿＿所在地有管辖权的法院提起诉讼。

【说明】对于不希望相关纠纷在公开渠道可查询的主体，可以在订立合同时选择仲裁条款。若选择诉讼，建议约定己方所在地有管辖权的法院。

第十九条　本合同一式三份，双方各执一份，一份用于商标行政管理部门备案。本合同自签订之日起生效。

（以下无正文，以下为签名或盖章页）

甲方：（盖章）　　　　　　　乙方：（盖章）

授权代表签字：　　　　　　　授权代表签字：

日期：　　　　　　　　　　　日期：

（三）知识产权质押合同

1. 起草合同关注要点

知识产权质押是指知识产权权利人以合法拥有的专利权、注册商标专用权、著作权等知识产权中的财产权为质押标的物出质，经评估作价后向银行等融资机构获取资金，并按期偿还资金本息的一种融资行为。

起草知识产权质押合同重点需要关注以下条款：

（1）担保的债权及担保范围。应当明确担保的是哪一笔债权债务关系并明确担保范围。

（2）明确知识产权价值。知识产权可以通过第三方评估、拍卖、协商等方式进行价值确认。

（3）明确质权实现方式。质权实现方式一般分为折价实现、拍卖实现或者参照市场价格变卖实现。

（4）明确是否可以转质。转质是指质权人能否为自己或者他人之债为第三人设立质权。一般来说，允许转质对质权人更有利，但不允许转质对出质人更有利。

2.合同范本

专利权质押合同

甲方（出质人）：【说明】写明名称、机构代码、地址、联系人、联系方式

乙方（质权人）：【说明】写明名称、机构代码、地址、联系人、联系方式

依据《中华人民共和国民法典》《中华人民共和国专利法》和有关法规的规定，甲乙双方就专利权质押事项，经协商一致，达成如下合同，由签约双方共同恪守。

第一条　用以出质的专利权信息及状态

1.1　专利权基本信息如下：

序号	名称	专利号	申请日	授权公告日	终止日	估值	其他

1.2　专利权状态如下：

序号	名称	年费是否正常缴纳	是否被启动无效宣告程序	是否存在权属纠纷	是否已被申请质押登记	其他

1.3　甲方承诺如下：

（1）甲方承诺上述专利权基本信息与状态真实。若因上述信息或状态不实导致质权无法设立的，甲方应在____日内消除该不实信息及状态带来的影响，以保证质权能够如期设立。若甲方无法消除该影响，甲方应在____日内另行提供与本合同项下担保的债权金额等值的担保。因信息不实导致的乙方损失，甲方应承担相应的赔偿责任。

（2）甲方承诺本合同项下用以出质的专利权不存在任何其他可能使质权无法设立的瑕疵。若因甲方违反本承诺义务导致质权无法设立，甲方应在____日内另行提供与本合同项下担保的债权金额等值的担保。因违反本承诺导致的乙方损失，甲方应承担相应的赔偿责任。

第二条　担保的债权及范围

2.1　本合同项下专利权质押担保的是____（债权人）和____（债务人）于____年____月____日签订的____合同中____（债务人）应履行的金额为人民币____元（大写____）的债务。

上述债务的履行期间为：自____年____月____日起至____年____月____日止。

2.2　甲乙双方同意，选择以下第____项作为本合同项下专利权质押的担保范围：

（1）甲方仅在主债权范围内提供担保，即____（债权人）和____（债务人）于____年____月____日签订的____合同中____（债务人）应履行的金额为人民币____元（大写____）的债务，不包括利息、违约金、损害赔偿金、实现专利权质权的费用等。

（2）甲方在主债权及其他相关费用范围内提供担保，即包括但不限于____（债权人）和____（债务人）于____年____月____日签订的____合同中____（债务人）应履行的金额为人民币____元（大写____）的债务、利息、违约金、损害赔偿金、实现专利权质权的费用等。

第三条　专利价值

甲乙双方同意通过以下第____种方式确认专利价值：

（1）专利资产评估。

经甲乙双方同意，选择____资产评估机构评估本合同项下用于质押的专利权，评估费用由____（甲方／乙方／双方按____比例）承担。

经甲乙双方同意，将专利权资产评估报告中的估值作为专利权作价的有效参考；

a）质押期间，若乙方发现非因不可抗力或市场变化导致的该专利权价值发生了非合理减损，该价值降低至评估报告中估值的____%时，可要求甲方另行提供与本合同项下担保的债权金额等值的担保。

b）质权实现时，若乙方发现非因不可抗力或市场变化导致的该专利权价值发生了非合理减损，就非合理减损的部分，乙方可要求甲方全额补偿。

（2）专利合同价格。

甲乙双方同意，专利权作价人民币____元（大写：____）。

a）质押期间，若乙方发现非因不可抗力或市场变化导致的该专利权价值发生了非合理减损，该价值降低至合同作价的____%时，可要求甲方另行提供减损金额的担保。

b）质权实现时，若乙方发现非因不可抗力或市场变化导致的该专利权价值发生了非合理减损，就非合理减损的部分，乙方可要求甲方全额补偿。

第四条　专利权质押登记

4.1　甲乙双方在签署本合同的同时填写并签署附件《专利权质押登记申请表》。

4.2　甲乙双方同意，自本合同签订后的____日内，通过以下第____种方式办理专利权质押登记：

（1）由____（双方共同）向国家知识产权局提交申请。

（2）由____（甲方／乙方／双方共同）委托给____（第三方机构）办理质押权登记申请的，委托费用由委托方承担。

第五条　质押期间的相关费用

5.1　质押期间，专利权年费由____（甲方／乙方／双方按____比例）承担。

5.2　经甲乙双方同意，质押期间因质押专利权发生的本合同未提及的其他相关费用由____（甲方／乙方／双方按____比例）承担。

第六条　质押期间的专利许可、转让

甲乙双方同意，质押期间，选择下列第____项方式作为甲方对本合同

项下专利权转让、许可或其他任何方式处分的处理方式：

（1）质押期间，甲方不得转让、许可或以其他任何形式处分本合同项下质押的专利权，由此造成的乙方或其他第三方的损失，由甲方全部承担。

（2）质押期间，甲方转让、许可或以其他方式处分本合同项下质押的专利权的，必须获得乙方书面同意。甲方转让本合同项下质押的专利权所得的价款应优先用于向乙方提前清偿其所担保的债权。

第七条　专利权被宣告无效或权属发生变化

质押期间，本合同项下质押的专利权被宣告无效或权属发生变化的，甲方应于该情形发生之日起____日内向乙方提供与本合同项下担保的债权金额等值的担保。

第八条　质权的提前实现

甲乙双方同意，发生下列情况之一的，乙方有权提前处分质押财产实现质权：

（1）甲方被宣告破产或被解散。

（2）甲方违反本合同项下重要约定或发生其他严重违约行为。

（3）主合同履行期间，因债务人被宣告破产、被解散成擅自变更企业体制而导致乙方的主合同债权落空；或主合同债务人卷入或即将卷入重大的诉讼（或仲裁）程序、发生其他足以影响其偿债能力或缺乏偿债诚意的行为等情况。

第九条　质权的实现方式

9.1　主合同中债务履行期限届满，而债务人未能清偿债务，乙方有权以下列第____种方式实现专利权质权。

（1）参照市场价格对本合同项下用于质押的专利权折价实现质权。

（2）以拍卖方式通过公开竞价实现质权。拍卖费用由____（甲方／乙方／双方共同）承担。乙方就拍卖本合同项下质押的专利权所得的价款优先受偿，剩余价款应返还给甲方。

（3）参照市场价格变卖本合同项下的专利权，变卖价格不得低于市场平均价格的____%，否则视为以市场价格变卖。乙方就变卖本合同项下专利所得的价款优先受偿，剩余价款返还给甲方。

9.2 质权实现时，甲方应当配合交付本合同项下质押的专利权的所有相关技术资料。因甲方延迟交付相关技术资料导致乙方质权无法实现的，甲方应承担赔偿责任。

第十条 专利权注销登记

无论基于何种事由导致本合同项下质押的专利权消灭的，甲方或乙方都有义务在该事由发生后的____日内配合办理专利权质押注销登记手续。若一方无正当理由延迟配合办理专利权质押注销登记手续，给另一方造成损失的，应承担相应的赔偿责任。

第十一条 担保债权转让

经甲方与乙方同意，主债权转让时，按照以下第____种方式处理本合同项下的专利权质权：

（1）专利权质权随主债权一并转让，本合同自动解除。甲方有义务配合专利权质权变更登记的相关手续。

（2）专利权质权不随主债权转让，本合同项下的专利权质权消灭，本合同自动解除。乙方有义务配合办理专利权质权注销登记的相关手续。

第十二条 转质

甲方与乙方同意，按照以下第____种方式处理转质：

（1）禁止转质：乙方不得以本合同项下的专利权质权为自己或者他人之债为第三人设立质权，否则甲方有权解除本担保合同，并要求乙方配合办理专利权质押注销登记。

（2）允许转质：乙方可以以本合同项下的专利权质权为自己或者他人之债为第三人设立质权。乙方转质的，需提前____日书面通知甲方并取得甲方书面同意。甲方同意的，有义务配合办理转质相关的登记手续；甲方不同意的，乙方不得转质。

第十三条 违约责任

13.1 甲方违反本合同约定的,应按主合同项下主债务金额的____%向乙方支付违约金并承担由此给乙方造成的一切损失。

13.2 如因甲方过错导致本合同项下的专利权质权无法设立的,甲方应另行提供与本合同项下担保的债权金额等值的担保。

第十四条 争议解决

14.1 本合同的签订、解释及与本合同有关的纠纷解决,均受中华人民共和国现行有效的法律约束。

14.2 因本合同引起的或与本合同有关的任何争议,由合同双方协商解决,也可由有关部门调解。协商或调解不成的,应按下列第____种方式解决:

(1)提交____仲裁委员会仲裁。仲裁裁决是终局的,对双方均有约束力。

(2)依法向____所在地有管辖权的人民法院起诉。

【说明】对于不希望相关纠纷在公开渠道可查询的主体,可以在订立合同时选择仲裁条款。若选择诉讼,建议约定己方所在地有管辖权的法院。

第十五条 附则

15.1 本合同一式三份,甲乙双方各执一份,另一份用于专利权质押登记。各份合同文本具有同等法律效力。

15.2 本合同经双方签署后生效。

(以下无正文,以下为签名或盖章页)

甲方:(盖章)　　　　　　　乙方:(盖章)

授权代表签字:　　　　　　　授权代表签字:

日期:　　　　　　　　　　　日期:

商标专用权质押合同

甲方（出质人）：【说明】写明名称、机构代码、地址、联系人、联系方式

乙方（质权人）：【说明】写明名称、机构代码、地址、联系人、联系方式

依据《中华人民共和国民法典》《中华人民共和国商标法》《中华人民共和国商标法实施条例》和有关法规的规定，甲乙双方就注册商标专用权质押事项，经协商一致，达成如下合同，由签约双方共同恪守：

第一条　用以出质的注册商标专用权的基本信息及状态

1.1　注册商标专用权的基本信息

序号	商标	注册号	国际分类	注册人	注册公告日	估值	其他

1.2　注册商标专用权的状态

序号	商标	是否属于有效状态	是否存在争议或纠纷	是否已被申请质押登记	其他

1.3　甲方承诺

（1）甲方承诺上述注册商标专用权基本信息与状态真实。若因上述信息或状态不实导致质权无法设立的，甲方应在＿＿＿日内消除该不实信息及状态带来的影响，以保证质权能够如期设立。若甲方无法消除该影响，甲方应在＿＿＿日内另行提供与本合同项下担保的债权金额等值的担保。因信息不实导致的乙方损失，甲方应承担相应的赔偿责任。

（2）甲方承诺本合同项下用以出质的注册商标专用权不存在任何其他可能使质权无法设立的瑕疵。若因甲方违反本承诺义务导致质权无法设立，甲方应在＿＿＿日内另行提供与本合同项下担保的债权金额等值的担

保。因违反本承诺导致的乙方损失，甲方应承担相应的赔偿责任。

第二条　被担保的主债权及担保范围

2.1　本合同项下商标专用权质押担保的是____（债权人）和____（债务人）于____年____月____日签订的《____合同》中____（债务人）应履行的金额为人民币____元的债务。

上述债务的履行期间为：自____年____月____日起至____年____月____日止。

2.2　甲乙双方同意，选择以下第____项作为本合同项下商标专用权质押的担保范围：

（1）甲方仅在主债权范围内提供担保，即____（债权人）和____（债务人）于____年____月____日，不包括利息、违约金、损害赔偿金、实现商标专用权质权的费用等。

（2）甲方在主债权及其他相关费用范围内提供担保，即包括但不限于____（债权人）和____（债务人）于____年____月____日签订的《____合同》中____（债务人）应履行的金额为人民币____元的债务、利息、违约金、损害赔偿金、实现商标专用权质权的费用等。

第三条　商标专用权的价值

3.1　甲乙双方同意，商标专用权作价人民币____元。

3.2　质押期间，若乙方发现非因不可抗力或市场变化导致的该商标专用权价值发生了非合理减损，该价值降低至合同作价的____％时，可要求甲方另行提供与本合同项下担保的债权金额等值的担保。

3.3　质权实现时，若乙方发现非因不可抗力或市场变化导致的该商标专用权价值发生了非合理减损，就非合理减损的部分，乙方可要求甲方全额补偿。

第四条　商标专用权质押登记

甲乙双方同意，自本合同签订后____日内，由____（甲方／乙方／双方共同）向国家知识产权局商标局办理出质权登记申请手续。若一方无正当理由延迟办理商标专用权出质权登记手续，且延期超过____日的，视为违约。违约方应向守约方承担违约责任。

第五条　质押期间的续展

质押期间甲方应当维持商标专用权有效，如需续展注册的，甲方应当按时向国家知识产权局商标局办理续展手续，缴纳相关费用。

第六条　质押期间的商标许可、转让

甲乙双方同意，质押期间，选择下列____项作为甲方对本合同项下商标专用权转让、许可或其他任何其他方式处分的处理方式：

（1）质押期间，甲方不得转让、许可或以其他任何形式处分本合同项下质押的商标专用权。否则因此造成的乙方或其他第三方的任何损失，由甲方全部承担。

（2）质押期间，甲方转让、许可或以其他方式处分本合同项下商标专用权的，必须获得乙方书面同意。甲方转让商标专用权所得的价款应优先用于向乙方提前清偿其所担保的债权。

第七条　商标被撤销、宣告无效、注销或权属发生变化

质押期间，本合同项下的商标专用权被撤销、宣告无效、注销或权属发生变化的，甲方应于该情形发生之日起____日内向乙方提供与本合同项下担保的债权金额等值的担保。

第八条　质权的提前实现

甲乙双方同意，发生下列情况之一，乙方有权提前处分出质的商标专用权实现质权：

（1）甲方被宣告破产或被解散。

（2）甲方违反本合同项下重要约定或发生其他严重违约行为。

（3）主合同履行期间，债务人被宣告破产、被解散、擅自变更企业体制等导致乙方的主合同债权落空；或主合同债务人卷入或即将卷入重大的诉讼（或

仲裁）程序、发生其他足以影响其偿债能力或缺乏偿债诚意的行为等情况。

第九条　质权的实现方式

乙方实现质押权时，可将商标专用权拍卖、变卖后以所得价款优先受偿，或将商标专用权折价以抵偿债务。甲乙双方无法达成一致的，甲方可直接请求人民法院拍卖、变卖出质的商标专用权。

第十条　质权注销登记

无论何种事由导致本合同项下的商标专用权消灭，甲方与乙方均有义务在该事由发生后的＿＿＿日内配合办理商标专用权质押注销登记手续。若一方无正当理由延迟配合办理商标专用权质押注销登记手续，给另一方造成损失的，应承担相应的赔偿责任。

第十一条　担保债权转让

甲方与乙方同意，主债权转让时，按照以下第＿＿＿种方式处理本合同项下的商标专用权质权：

（1）商标专用权质权随主债权一并转让，本合同自动解除。甲方有义务配合商标专用权质权变更登记的相关手续。

（2）商标专用权质权不随主债权转让，本合同项下的商标专用权质权消灭，本合同自动解除。乙方有义务配合办理商标专用权质权注销登记的相关手续。

第十二条　转质

甲方与乙方同意，按照以下第＿＿＿种方式处理转质：

（1）禁止转质。

乙方不得以本合同项下的商标专用权质权为自己或者他人之债为第三人设立质权，否则甲方有权解除本担保合同，并要求乙方配合办理商标专用权质押解除登记。

（2）允许转质。

乙方可以以本合同项下的商标专用权质权为自己或者他人之债为第三

人设立质权。乙方转质的，需提前＿＿＿日书面通知甲方并取得甲方书面同意。甲方同意的，有义务配合办理转质相关的登记手续。甲方不同意的，乙方不得转质。

第十三条　违约责任

13.1　甲方违反本合同约定的，应按主合同项下主债务金额的＿＿＿%向乙方支付违约金并承担由此给乙方造成的一切损失。

13.2　如因甲方过错导致本合同项下的商标专用权质权无法设立的，甲方应另行提供与本合同项下担保的债权金额等值的担保。

第十四条　争议解决

14.1　本合同的签订、解释及与本合同有关的纠纷解决，均受中华人民共和国现行有效的法律约束。

14.2　因本合同引起的或与本合同有关的任何争议，由合同各方协商解决，也可由有关部门调解。协商或调解不成的，应按下列第＿＿＿种方式解决：

（1）提交＿＿＿仲裁委员会仲裁。仲裁裁决是终局的，对各方均有约束力。

（2）依法向＿＿＿所在地有管辖权的人民法院起诉。

【说明】对于不希望相关纠纷在公开渠道可查询的主体，可以在订立合同时选择仲裁条款。若选择诉讼，建议约定己方所在地有管辖权的法院。

第十五条　附则

15.1　本合同一式三份，合同各方各执一份，一份用于商标专用权质押登记。各份合同文本具有同等法律效力。

15.2　本合同经各方签署后生效。

（以下无正文，以下为签名或盖章页）

甲方：（盖章）　　　　　　　　乙方：（盖章）

授权代表签字：　　　　　　　　授权代表签字：

日期：　　　　　　　　　　　　日期：

软件著作权质押合同

甲方（出质人）：【说明】写明名称、机构代码、地址、联系人、联系方式

乙方（质权人）：【说明】写明名称、机构代码、地址、联系人、联系方式

甲方与乙方签订编号为＿＿的＿＿合同（以下简称"主合同"），为了确保主合同项下甲方义务得到切实履行，甲方愿意向乙方提供质押担保。依据《中华人民共和国民法典》《计算机软件著作权登记办法》和有关法规的规定，甲乙双方就软件著作权质押事项，经协商一致，达成如下合同，由签约双方共同恪守。

第一条 出质软件信息

1.1 出质软件信息详见《软件著作权质押清单》，该清单作为本合同附件，与本合同具有同等法律效力。

1.2 《软件著作权质押清单》对质押价值的约定，并不作为乙方依本合同第 6.1 条对出质软件进行处分的估价依据，也不构成乙方行使质权的任何限制。

1.3 出质软件的相关有效证明和资料由当事人确认封存后，由甲方交与乙方保管，但法律法规另有规定的除外。

第二条 质押担保范围

2.1 甲方质押担保的范围包括主合同项下主债权金额人民币＿＿元（大写：＿＿）：自＿＿年＿＿月＿＿日至＿＿年＿＿月＿＿日期间，以及利息（包括复利和罚息）、违约金、赔偿金，以及实现债权所发生的一切费用（包括但不限于诉讼费、仲裁费、律师费、财产保全费、差旅费、执行费、评估费、拍卖费等）。

2.2 当甲方不履行其债务时，乙方有权直接要求甲方在其担保范围内承担担保责任。

第三条 出质软件凭证的移交

3.1 本合同项下出质软件的权利凭证和其他相关资料应于＿＿年

____月____日前由甲方交付乙方保管，乙方验收后向甲方出具收据。

3.2 甲方履行全部债务后，乙方应当及时将该权利凭证和其他相关资料返还甲方。

第四条 质押登记

4.1 依有关法律规定必须办理出质登记的，甲乙双方应在本合同签订之日起____日内到有关登记机关办理权利出质登记手续。

4.2 质押登记事项发生变化，依法需进行变更登记的，甲乙双方应在登记事项变更之日起____日内到有关登记机关办理变更登记手续。

第五条 质权的实现

5.1 借款合同履行期限届满，借款人未能清偿债务的，乙方有权以质押软件折价或以拍卖、变卖、兑现质押财产所得的价款优先受偿，实现质权。

5.2 乙方依本合同之约定处分质押财产所得的价款，按下列顺序分配：

（1）支付处分质押财产所需的费用；

（2）清偿借款人所欠乙方贷款利息；

（3）愈偿借款人所欠乙方贷款本金、违约金（包括罚息）和赔偿金等；

（4）支付其他费用。

6.3 乙方依本合同处分权利时，甲方应予配合，不得设置任何障碍。

第六条 补充担保

软件质押期间，非因乙方过错致质押软件价值减少的，甲方应于前述情况发生之日起____个工作日内向乙方提供与减少的价值相当的担保。

第七条 甲方的权利和义务

7.1 质押期间，甲方承担本合同项下有关的各项费用，包括但不限于律师服务、鉴定、估价、登记、过户、保管及诉讼的费用。

7.2 在质权受到或可能受到来自第三方的侵害时，甲方有义务通知并协助乙方免受侵害。

7.3　甲方（法人）有下列情形之一，应当提前____个工作日书面通知乙方：

（1）实行承包、租赁、股份制改造、联营、合并、兼并、分立、与外商合资合作等；

（2）经营范围和注册资本变更、股权变动；

（3）涉及重大经济纠纷；

（4）出质软件发生权属争议；

（5）破产、歇业、解散、被停业整顿、被吊销营业执照、被撤销；

（6）住所、电话、法定代表人等发生变更。

7.4　甲方（自然人）有下列情形之一，应当提前____个工作日书面通知乙方：

（1）涉及重大经济纠纷；

（2）出质软件发生权属争议；

（3）住所、电话等发生变更。

第八条　乙方的权利和义务

8.1　质押期间，未经乙方书面同意，甲方不得转让、出租、再出质或以其他任何方式处分本合同项下质押权利。

8.2　质押期间，经乙方书面同意，甲方转让质押权利所得的价款应先优用于向乙方提前清偿其所担保的债权。

8.3　发生下列情形之一的，乙方可以提前处分质押权利，并以所得价款优先受偿：

（1）依据主合同约定或法律规定解除主合同而发生乙方代偿或造成质权人经济损失。

（2）主合同履行期间甲方被宣告破产、被解散、擅自变更企业体制致使贷款债权落空、卷入或即将卷入重大的诉讼或仲裁程序及其他法律纠纷，或者发生其他足以影响其偿债能力或缺乏偿债诚意的行为等情况。

8.4　乙方有权要求甲方协助，避免质权受到来自任何第三方的侵害。

8.5　乙方负有妥善保管权利凭证的义务。

8.6　偿清本合同质押担保范围内全部债务后还有剩余的，乙方应将剩余部分返还给甲方。

第九条 甲方的陈述与申明

9.1 甲方是本合同项下出质权利完全的、有效的、合法的所有者或国家授权的经营管理者。

9.2 甲方提供质押担保完全出于自愿，在本合同项下的全部意思表示真实。

9.3 本合同项下权利依法可以设定质押，设立本合同的质押不会受到任何限制。

第十条 违约责任

10.1 除不可抗力因素外，任何一方如严重违反本合同之约定，另一方有权解除本合同，并要求对方赔偿因此造成的实际损失及救济的合理支出费用。

10.2 甲方违反本合同第8.1条，在质权存续期间，未经乙方同意，擅自使用、处分质押权利，造成财产减损的，应当承担赔偿责任。

10.3 甲方在本合同第十条中作虚假陈述与声明，给乙方造成损失的，应予赔偿。

10.4 本合同生效后，当事人应全面履行本合同约定的义务。因甲乙任何一方违反本合同约定，违约方应承担守约方为保护和实现本合同项下权利和救济所产生的所有合理费用（包括但不限于诉讼费、律师费等）。

10.5 如因甲方过错造成本合同无效，甲方应在质押担保范围内赔偿乙方全部损失。

第十一条 其他约定

11.1 通知方式

本合同要求所有通知应以信件或传真等书面方式送达对方于本合同所载地址，若地址有所变更应及时通知对方，否则视同送达。

11.2 不可抗力

（1）不可抗力事件指受影响一方不能预见、不能避免且不能克服的客观情况，并于本合同签订日之后出现的，使该方对本合同全部或部分的履行在客观上成为不可能或不实际的任何事件。此等事件包括但不限于水灾、火灾、旱灾、台风、地震及其他自然灾害，交通意外，罢工，骚动，暴乱及战争（不论曾否宣战），以及政府部门的作为及不作为。

（2）如果本合同任何一方因受不可抗力事件影响而未能履行其在本合同下的全部或部分义务，该义务的履行在不可抗力事件妨碍其履行期间应予中止。

（3）声称受到不可抗力事件影响的一方应尽可能在最短的时间内通过书面形式将不可抗力事件的发生通知另一方，并在该不可抗力事件发生后15日内向另一方提供关于此种不可抗力事件及其持续时间的适当证据。声称不可抗力事件导致其对本合同的履行在客观上成为不可能或不实际的一方，有责任尽一切合理的努力消除或减轻此等不可抗力事件的影响。

（4）不可抗力事件发生时，双方应立即通过友好协商决定如何执行本合同。不可抗力事件或其影响终止或消除后，双方须立即恢复履行各自在本合同项下的各项义务。

11.3　保密原则

甲乙双方承诺关于双方往来所获知对方之商业财务信息等往来资料文件、图片或档案，无论口头或书面形式，均不得对第三人泄露，也不得利用其做本合同以外目的使用，此约定于本合同终止后仍然有效。

11.4　合同修改

本合同非经甲乙双方书面同意，不得任意修改或变更。如需修改变更，双方应通过协商达成一致后签订补充合同，补充合同作为本合同附件。

第十二条　适用法律与争议解决

本合同的成立、效力、解释、执行均适用相关法律。有关本合同的解释、履行、不履行等的纠纷，应尽最大努力通过友好协商或和解解决。但纠纷发生后90日内仍无法通过协商解决时，双方选择以下第____种方式解决纠纷。

（1）仲裁。

a）本条项下的仲裁，向____仲裁中心申请仲裁，并依当时有效的____仲裁中心仲裁规则进行仲裁。仲裁语言为中文。仲裁裁决是终局的且约束当事人，可在有管辖权的法院得到承认及执行。

b）除仲裁裁决另有规定之外，仲裁费用由败诉一方承担。

c）仲裁程序进行期间，除仲裁涉及的问题之外，双方应继续履行本合同。

（2）诉讼。

双方均可向____所在地有管辖权的法院提起诉讼。

【说明】对于不希望相关纠纷在公开渠道可查询的主体，可以在订立合同时选择仲裁条款。若选择诉讼，建议约定在本方所在地有管辖权的法院。

第十三条　特别约定

13.1　本合同项下的出质软件包括甲方在附件《软件著作权质押清单》中出质软件的基础上研发的升级版本及与之相同或相似的其他计算机软件著作权中可出质的经济权利。

13.2　质押期间出质权利发生权属争议的，不影响本合同的效力。

第十四条　合同生效

本合同一式____份，双方各执____份，自签订之日起生效。附件与本合同具有相同法律效力。

（以下无正文，以下为签名或盖章页）

甲方：（盖章）　　　　　　　乙方：（盖章）

授权代表签字：　　　　　　　授权代表签字：

日期：　　　　　　　　　　　日期：

附件：软件著作权质押清单

序号	出质软件名称	出质人	权利证书及编号	质押价值

（四）知识产权出资入股合同

1. 起草合同关注要点

以知识产权出资属于非货币资产出资，起草知识产权出资入股合同应当注意以下内容：

（1）股东以非货币资产出资的，出资合同中应当约定资产的重要信息，以确定用以出资的资产，防止出现争议。对于知识产权等权利，一般应记载名称、证书编号、所有人、权利期限等。约定不明的，可能引发争议。例如，公司章程约定股东以专利权出资，但未约定具体以哪项专利权出资，股东如举证存在某项发明人为该股东但专利权人为目标公司的专利证书（申请时间在公司成立后、章程规定的出资认缴期限内），而目标公司虽然主张该项专利系职务发明但未能提供证据充分证明，法院则可能认为股东已履行出资义务。

（2）根据资本确定原则，非货币出资的确定还应包括价值确定。对作为出资的非货币资产应当评估作价，核实资产，不得高估或者低估作价。法律、行政法规对评估作价有规定的，从其规定。为避免未来发生争议，以知识产权出资的，在签署出资合同前资产一般应当进行评估或者确定合同作价价格。

（3）非货币出资的缴付条款中应当明确约定股东履行出资义务的方式，资产必须有效移转至公司。以知识产权出资的，应当约定权利过户时间，以及技术资料等的交付时间。

（4）利用设立新主体来隔离风险或满足相应的资质。对于科研院所等在进行科技成果转化等市场化运作时，不可避免地要承担相应的市场风险。通过设立新主体，则可以达到隔离风险的效果，同时也能规避主体、资质相关的法律法规的限制。在此种情况下，同样需要通过合同将设立新主体的事宜规范下来。

2. 合同范本

项目合作框架合同（成立合资公司）

甲方：【说明】写明名称、机构代码、地址、联系人、联系方式

乙方：【说明】写明名称、机构代码、地址、联系人、联系方式

甲乙双方发起人为寻求合作发展，在平等、自愿的基础上，经协商一致，就____（如无人自动驾驶）项目达成合作意向，一致同意共同出资设立____有限公司。依据《中华人民共和国民法典》和有关法规的规定，甲乙双方就项目合作事项，经协商一致，达成如下合同，由签约双方共同恪守。

第一条　合作内容

本项目合作的内容为：____（如无人自动驾驶的研发、试验及市场化）。

第二条　成立公司

申请设立的有限责任公司名称为____有限公司（以下简称"公司"），公司最后名称以公司登记机关核准的为准。

公司住所拟设在：____。

公司的组织形式为：有限责任公司。

责任承担：甲乙双方以各自的出资额为限对公司承担责任，公司以其全部资产对公司的债务承担责任。

第三条　公司的宗旨与经营范围

公司的经营宗旨为____。公司的经营范围为主营____；兼营____。

第四条　注册资本、股东出资及出资时间

公司的注册资本为人民币____元，首期出资额为____元，其余按____期在____年内缴足。具体：

甲方：认缴出资额为____元，以____方式出资，占注册资本的____%。其中，设立时缴纳____元，以____方式出资，占注册资本的

____%；____年____月____日缴纳____元，以____方式出资，占注册资本的____%；

【说明】例如，甲方：认缴出资额为 100 万元，以专利权方式出资，占注册资本的 30%。再如，乙方：认缴出资额为 100 万元，以专利申请权方式出资，占注册资本的 30%。

乙方：认缴出资额为____元，以____方式出资，占注册资本的____%。其中，设立时缴纳____元，以____方式出资，占注册资本的____%；____年____月____日缴纳____元，以____方式出资，占注册资本的____%。

发起人应当按期足额缴纳公司章程中规定的各自所认缴的出资额。以货币出资的，应当将货币出资足额存入公司在银行开设的账户；以非货币财产出资的，应当依法办理其财产权的转移手续，发起人履行出资义务以验资机构出具的出资证明为标志。

发起人不按照前款规定缴纳出资的，其他发起人向公司承担连带责任。

【说明】非货币出资的缴付条款中应当明确约定股东履行出资义务的方式，资产必须有效移转至公司。以知识产权出资的，应当约定权利过户时间及技术资料等的交付时间。

第五条　出资评估

用实物、知识产权、土地使用权等非货币出资的财产应对公司有重大意义，并应当经评估机构评估作价，并于____期限内，依法办理完毕财产权的转移手续。

【说明】对于知识产权类的出资，评估不是必要条件，除评估外，还可以选择协商一致作价的方式，但需要在合同中明确。

第六条　出资证明书

公司成立后，足额缴付出资的发起人有权要求公司向其及时签发出资证明书。出资证明书由公司盖章。出资证明书应当载明下列事项：

（1）公司名称；

（2）公司登记日期；

（3）公司注册资本；

（4）股东的姓名或者名称、缴纳的出资额和出资日期；

（5）出资证明书的编号和核发日期。

第七条　股权的转让

公司成立之后，股东之间可以相互转让其全部或者部分股权。

一方股东向股东以外的人转让股权，应当经另一方股东同意。股东应就其股权转让事项书面通知另一方股东并征求同意，另一方股东自收到书面通知之日起满 30 日未答复的，视为同意转让。另一方股东不同意转让的，应当购买该转让的股权；不购买的，视为同意转让。在同等条件下，另一方股东有权优先购买。

第八条　公司登记

全体发起人共同指定＿＿＿＿为代表人或者共同委托的代理人，向公司登记机关申请公司名称预先核准登记和设立登记。申请人应保证向公司登记机关提交的文件、证件的真实性、有效性和合法性，并承担责任。

第九条　新公司组织结构

9.1　公司设股东会、董事会、监事会、总经理。

9.2　公司董事会由＿＿＿＿名董事组成，其中甲方提名＿＿＿＿名，乙方提名＿＿＿＿名，董事长即法定代表人由＿＿＿＿方在董事中指定。

9.3　公司监事会由＿＿＿＿名监事组成，其中甲方提名＿＿＿＿名，乙方提名＿＿＿＿名。

9.4　公司设总经理＿＿＿＿名，副总经理＿＿＿＿名，均由董事会聘任。

第十条　发起人的权利

发起人享有以下权利：

（1）随时了解公司的设立工作进展情况。

（2）签署公司设立过程中的法律文件。

（3）审核设立过程中筹备费用的支出。

（4）提名公司的董事候选人，双方提出的董事经公司股东会按照公司章程的规定选举产生，董事任期三年，任期届满可连选连任。董事任期届满前，股东会不得无故解除其职务。

（5）提名公司的监事候选人名单，监事经公司股东会按公司章程的规定选举产生，监事任期三年，任期届满可连选连任。

（6）在公司成立后，按照国家法律和公司章程的有关规定，行使股东应享有的权利。

第十一条　发起人的义务

发起人应承担以下义务：

（1）及时提供设立公司所必需的文件材料。

（2）在公司设立过程中，由于发起人的过失致使公司受到损害的，对公司承担赔偿责任。

（3）发起人未能按照本合同约定按时缴纳出资的，除向公司补足其应缴付的出资外，还应对其未及时出资行为给公司和其他发起人造成的损失承担赔偿责任。

（4）公司成立后，发起人不得抽逃出资。

（5）公司成立后，按照国家法律和公司章程的有关规定，承担股东应承担的义务。

第十二条　公司设立费用承担

12.1　公司设立成功，为设立公司所发生的全部费用列入公司的开办费用，由成立后的公司承担。

12.2　因各种原因导致申请设立公司已不能体现发起人原本意愿时，经全体发起人一致同意停止申请设立公司，所耗费用按各自发起人的出资比例进行分摊。

第十三条 产品销售

产品销售价格、经销商选择、质量检验事宜由甲乙双方协商一致决定。

第十四条 利润分配

甲乙双方按照实缴的出资比例或约定分享利润。

第十五条 营业期限

15.1 公司营业期限为____年。营业执照签发之日为公司成立之日。

15.2 营业期限届满或者提前终止公司，发起人应依法对公司进行清算。清算后的财产，按甲乙各方出资比例进行分配。

第十六条 违约责任

16.1 合同任何一方未按合同约定依期如数缴纳出资额时，每逾期1日，违约方未缴纳出资额的____%作为违约金。如逾期3个月仍未提交的，另一方有权选择：

（1）要求违约方补缴；

（2）声明违约方丧失未缴纳出资所代表的股权；

（3）解除合同。

16.2 由于一方过错，造成本合同不能履行时，由过错方承担其行为给公司造成的损失。

第十七条 知识产权

17.1 合同双方保证对各自所提供的技术、设备及配件拥有完全的、合法的权利，不存在任何侵犯第三人权利（包括但不限于所有权、知识产权等）的情况。

17.2 合同任何一方在与第三方开展的合作开发项目中，不得使用本合同约定的合作项目中所产生的专利和非专利技术等知识产权。

17.3 合同任何一方及其关联方不得利用本合同约定合作中获取的对

方商业信息、技术信息等商业秘密谋取非法利益。

17.4 本项目合作产品所采用的____等发明创造所有权、专利申请权由____所有；联合开发的____等的发明创造所有权、专利申请权由甲乙双方共有。在本项目合作过程中产生的其他发明创造及其他知识产权，合同一方独立开发的，归独立开发者所有；合同双方共同开发的，归双方共有。

第十八条　保密

合同双方及其工作人员不得向本合同之外任何人透露甲乙双方的合作细节事宜、本合同内容及双方达成的与本合同履行相关的其他内容，但一方因法律要求披露的除外。

保密义务直至商业秘密信息依法公开而不需保密时止。本保密义务在本合同有效期间及终止后始终有效，且保密义务不因本合同其他条款整体或部分无效、被撤销而失效。

第十九条　不可抗力

19.1 不可抗力事件指受影响一方不能预见、不能避免且不能克服的客观情况，并于本合同签订日之后出现的，使该方对本合同全部或部分的履行在客观上成为不可能或不实际的任何事件。此等事件包括但不限于水灾、火灾、旱灾、台风、地震及其他自然灾害，交通意外，罢工，骚动，暴乱及战争（不论曾否宣战），以及政府部门的作为及不作为。

19.2 如果本合同任何一方因受不可抗力事件影响而未能履行其在本合同下的全部或部分义务，该义务的履行在不可抗力事件妨碍其履行期间应予中止。

19.3 声称受到不可抗力事件影响的一方应尽可能在最短的时间内通过书面形式将不可抗力事件的发生通知另一方，并在该不可抗力事件发生后15日内向另一方提供关于此种不可抗力事件及其持续时间的适当证据。声称不可抗力事件导致其对本合同的履行在客观上成为不可能或不实际的一方，有责任尽一切合理的努力消除或减轻此等不可抗力事件的影响。

19.4　不可抗力事件发生时，双方应立即通过友好协商决定如何执行本合同。不可抗力事件或其影响终止或消除后，双方须立即恢复履行各自在本合同项下的各项义务。

第二十条　适用法律与争议解决

本合同的成立、效力、解释、执行均适用中国相关法律。有关本合同的解释、履行、不履行等的纠纷，应尽最大努力通过友好协商或和解解决。但纠纷发生后90日内仍无法通过协商解决时，双方选择以下第＿＿种方式解决纠纷。

（1）仲裁。

a）本条项下的仲裁，向＿＿仲裁中心申请仲裁，并依当时有效的＿＿仲裁中心仲裁规则进行仲裁。仲裁语言为中文。仲裁裁决是终局的且约束当事人，可在有管辖权的法院得到承认及执行。

b）除仲裁裁决另有规定之外，仲裁费用由败诉一方承担。

c）仲裁程序进行期间，除仲裁涉及的问题之外，双方应继续履行本合同。

（2）诉讼。

双方均可向＿＿所在地有管辖权的法院提起诉讼。

【说明】对于不希望相关纠纷在公开渠道可查询的主体，可以在订立合同时选择仲裁条款。若选择诉讼，建议约定本方所在地有管辖权的法院。

第二十一条　其他事宜

21.1　通知事项。双方因履行本合同及与本合同相关的任何函告、通知或各种联系，包括但不限于诉讼和仲裁文书的送达均应以书面形式或电子邮件方式送达如下列联系方式。书面通知到达对方之日即为送达，电子邮件以成功发送至对方指定电子邮箱即为送达。任何一方的联系方式发生变更时，应在3日内以书面形式通知对方，否则另一方按变更前列明的联系地址或电子邮箱发出通知，即视为已履行通知义务，变动方应自行承担相应的法律责任。一方若认为邮件封面标题与邮件中实际文件内容不符的，应在自收到邮件之日起3个工作日内书面通知对方，逾期视为邮件封面标题与邮件中实际文件内容一致。

合同方	甲方	乙方
联系人		
联系电话		
联系地址		
电子邮箱		

21.2 双方如有未尽事宜，可另行订约。

21.3 本合同一式三份，具有同等法律效力，合同双方各执一份，公司留存一份，经双方代表签字并盖章后生效。

（以下无正文，以下为签名或盖章页）

甲方：（盖章）　　　　　　乙方：（盖章）

授权代表签字：　　　　　　授权代表签字：

日期：　　　　　　　　　　日期：

四、保密协议

（一）起草保密协议关注要点

商业活动中的保密协议需要重点关注以下内容：

（1）授权使用。授权使用条款要求被保密人在保密期限内应对保密资料进行保密，不为除合同明确规定的目的之外的其他目的使用保密资料。

（2）保密制度。通常保密条款还应当约定被保密人应当应制定相应的规章制度，并要求其雇员和其他具有保密义务的人员签署保密协议。

（3）保密的期限。除非该保密信息因丧失秘密性、保密性和价值性而被公开的情况外，保密的期限应为永久。

（4）保密的例外。保密的例外包括法定披露、惯例披露和披露程序，其中法定披露包括法律法规、政府部门、证券交易所或其他监管机构要求的披露；惯例披露包括律师、会计、商业及其他顾问和授权雇员的披露；披露程序包括通知对方披露的原因并获得许可，要求被披露方保密或签署不低于保密条款的约定，保持披露记录。

（5）保密资料处理。合作有效期终止或提前解除合同的情况下，应当约定保密资料的处置方式，通常约定由保密资料的接收方应当向披露方返还保密资料，或者由接收方销毁并出具书面保证。

（二）协议范本

保密协议（我方为披露方）

甲方（披露方）:【说明】写明名称、机构代码、地址、联系人、联系方式

乙方（接收方）:【说明】写明名称、机构代码、地址、联系人、联系方式

鉴于双方当事人已就_____项目（以下简称"本项目"）进行了合作，乙方在合作过程中将了解到甲方（或其母公司、子公司、关联公司）的不对外披露的保密信息，依据《中华人民共和国民法典》《中华人民共和国反不正当竞争法》和有关法规的规定，甲乙双方就保密事项，经协商一致，达成如下协议，由签约双方共同恪守。

第一条　保密信息

1.1　本协议中的保密信息包括以下信息：

（1）在合作过程中，披露方以书面、口头、图形、电子或其他任何形式向接收方披露的不为公众所知悉、对公司有商业价值并经公司采取相应保密措施的技术信息、经营信息、智力成果等商业信息。其中，"不为公众所知悉"是指该商业信息是不能从公开渠道直接获取的。"技术信息"包括但不限于以物理的、电子的、化学的、生物的或者其他形式的载体所表现的设计、程序、专有技术、技术方案、技术指标、计算机程序、试验结果、技术文档等。"经营信息"包括但不限于客户名单、汇集资料、营销计划、营销策略、谈判策略及方案、采购资料、销售报表、定价策略、价格体系、财务计划、产品规划、法务规划、投标文件及其他与经营相关的智力成果。"智力成果"既包括有意识研究发现或总结得出的成果，也包括无意识发现的成果；既包括成功经验的成果，也包括失败教训的成果。

（2）甲方于本协议生效之前向乙方披露的上述保密信息。

（3）乙方从其他渠道获取的甲方保密信息，以及任何包含甲方保密信息的第三方保密信息。

1.2 保密信息的例外：任何已出版的或以其他形式处于公共领域的信息，以及乙方通过其他合法途径已获得的甲方信息。

1.3 本协议任何条款不构成对保密信息明示或暗示的转让或许可，乙方也不能在合作目的之外使用保密信息。

第二条 保密义务

乙方同意只在合作目的范围内使用保密信息。同时，乙方承担以下保密义务：

（1）乙方不得以任何形式（直接或间接）将保密信息披露、公布、散布、转让、许可给任何第三方，除非甲方以书面形式确认允许披露。

（2）对于因合作需要必须使用该保密信息的乙方员工及聘请的第三方，乙方应事先得到甲方的书面许可，并与其签署持续有效的保密协议，保证上述人员遵守本协议中约定的义务。若乙方员工或其聘请的第三方违反保密义务，乙方因就相关员工、第三方违反保密义务的行为向甲方承担连带责任。乙方员工及聘请的第三方保密义务不因离职或与乙方的合同解除、终止而终止。

（3）乙方不得于合作目的之外使用保密信息，不得对保密信息进行任何更改或采取任何反向工程、反向编译或反向破解行为。

（4）乙方同意采取不低于保护本方保密信息的合理措施和审慎程度保护保密信息，以防止保密信息丢失、被窃或无权接触保密信息的第三方接触该信息。

（5）甲乙双方指定保密信息或材料接收方式为电子邮件收发（没有做出选择的，视为电子邮件收发）。甲方联系人为＿＿＿，指定公司邮箱为＿＿＿；乙方联系人为＿＿＿，指定公司邮箱为＿＿＿。

（6）乙方不得向与甲方存在竞争关系的第三方提供与本项目内容相同或类似的服务，也不得与第三方就此类内容相同或类似的服务进行商业谈判。

（7）甲方并未就其向乙方披露的任何保密信息的准确性、可靠性及完整性作出明示或暗示的声明或保证，且对乙方、乙方代表人员或其他使用该等保密信息的人员使用该信息导致的一切后果不承担任何责任。

（8）其他本着诚实信用原则应当承担的保密义务。

第三条　保密信息的确认

乙方应在接收甲方披露的保密信息（口头、书面、实物）后1个工作日内回复甲方制作的《保密信息接收确认书》以确认收到甲方交付的保密信息，《保密信息接收确认书》包括交付的保密信息名称、资料目录、主要内容及交付时间等。

第四条　强制披露

4.1　乙方根据相关行政机关、司法机关或监管机构按法律、法规、部门规章的规定和法定程序的要求，可在被要求的范围内披露保密信息而无须承担本协议项下违约责任。

4.2　乙方根据适用的法律程序或行政强制性要求必须披露保密信息，则应事先以书面方式通知甲方，由甲方判断是否属法律法规强制性披露要求，并确定披露范围。

4.3　若乙方被强制要求披露甲方的保密信息，则乙方应及时通知甲方，以便甲方寻求必要的保护措施，防止或限制保密信息的进一步扩散，且乙方应当尽最大努力帮助甲方有效防止或限制该保密信息的泄露。

第五条　保密信息的使用期限

乙方必须在主合同期限内（即____年____月____日至____年____月____日）按照约定的使用方式和使用目的使用甲方的保密信息，不得在主合同结束后以任何目的继续使用该信息。

第六条　保密期限

保密义务直至商业秘密信息依法公开而不需保密时止。乙方在本协议项下的义务与责任不因本协议期满或双方的合作关系结束而被终止，直至该等保密信息根据本协议"保密信息的例外"条款或披露方书面通知解密而不需保密为止。

第七条　保密信息的返还或销毁

在双方合作关系终止时或在甲方以书面形式要求时，乙方应立即返还或销毁所有甲方相关的保密信息，包括但不限于以任何形式存在的保密信息的原件、复印件、复制品及对保密信息的概述摘要，并向甲方提供已经返还或销毁保密信息的书面确认。

存在以下情形时，乙方在获取甲方的事先同意后，可以不予返还：

（1）该保密信息因其特殊性质不具有返还的可能性；

（2）乙方根据法律规定需继续保持保密信息的复印件、复制品，但在此情况下乙方应遵守本协议约定的保密义务。

第八条　违约责任

为更有效地保护双方利益，双方同意并认可当出现任何违约或预示违约行为时，应当先通过法律或公平原则提供权利救济，尽可能减少一方损失。

8.1　在本项目磋商、实施或合作期内，乙方违反本协议项下保密义务的，无论是否支付违约金，甲方均有权立即终止谈判或解除与乙方的合同、合作关系。

8.2　如乙方未履行本协议规定的保密义务，应当承担违约责任，并一次性向甲方支付违约金，违约金金额为本协议项目对应合同价款30%，具体违约金金额为人民币＿＿万元。

8.3　因乙方泄密造成甲方损失且违约金不足以覆盖损失的，乙方应当承担损失赔偿责任。

损失赔偿额按照如下方式计算：

（1）损失赔偿额为甲方因乙方的违约行为所受到的实际经济损失及可举证的期待利益损失。

（2）甲方的损失依照上述计算方法难以计算的，损失赔偿额为不低于乙方因违约行为所获得的全部利润的合理数额，或者不低于甲方商业秘密许可使用费的合理数额，也可以按照相关法律法规赔偿。

8.4 因乙方的违约行为同时侵犯了甲方的商业秘密的，甲方可以选择根据本协议要求乙方承担违约责任，或者根据国家有关法律法规要求乙方承担侵权责任。

8.5 如乙方的违约行为或侵权行为成立，甲方通过司法途径的维权合理费用（包括律师费、取证费、诉讼费）等由乙方承担。

8.6 乙方应就其任何员工违反本协议的任何条款而向甲方承担全部责任。

第九条　适用法律与争议解决

本合同的成立、效力、解释、执行均适用中国相关法律。有关本合同的解释、履行、不履行等的纠纷，应尽最大努力通过友好协商或和解解决。但纠纷发生后90日内仍无法通过协商解决时，双方选择以下第____种方式解决纠纷。

（1）仲裁。

a）本条项下的仲裁，向____仲裁中心申请仲裁，并依当时有效的____仲裁中心仲裁规则进行仲裁。仲裁语言为中文。仲裁裁决是终局的且约束当事人，可在有管辖权的法院得到承认及执行。

b）除仲裁裁决另有规定之外，仲裁费用由败诉一方承担。

c）仲裁程序进行期间，除仲裁涉及的问题之外，双方应继续履行本合同。

（2）诉讼。

双方均可向____所在地有管辖权的法院提起诉讼。

【说明】对于不希望相关纠纷在公开渠道可查询的主体，可以在订立合同时选择仲裁条款。若选择诉讼，建议约定本方所在地有管辖权的法院。

第十条　其他

10.1　若本协议中的任何条款被裁定为无效、违法或不可执行，则该条款应当被视作无效条款，但是本协议中其他条款继续有效。

10.2　本协议自双方授权代表签字并加盖公章之日起生效。

10.3　本协议一式两份，甲乙双方各执一份，均具有相同法律效力。

（以下无正文，以下为签名或盖章页）

甲方：（盖章）　　　　　　　　乙方：（盖章）

授权代表签字：　　　　　　　　授权代表签字：

日期：　　　　　　　　　　　　日期：

保密协议（双方为披露方）

甲方：【说明】写明名称、机构代码、地址、联系人、联系方式

乙方：【说明】写明名称、机构代码、地址、联系人、联系方式

鉴于甲乙双方当事人已就____项目（以下简称"本项目"）达成合作，双方在合作过程中将了解到对方（或其母公司、子公司、关联公司）的不对外披露的保密信息，依据《中华人民共和国民法典》《中华人民共和国反不正当竞争法》和有关法规的规定，甲乙双方就保密事项，经协商一致，达成如下协议，由签约双方共同恪守。

第一条　保密信息

1.1　本协议中的保密信息包括以下信息：

（1）在合作过程中，披露方以书面、口头、图形、电子或其他任何形式表现、向接收方披露的不为公众所知悉、对公司有商业价值并经公司采取相应保密措施的技术信息、经营信息、智力成果等商业信息。其中，"不为公众所知悉"是指该商业信息是不能从公开渠道直接获取的。"技术信息"包括但不限于以物理的、电子的、化学的、生物的或者其他形式的载体所表现的设计、程序、专有技术、技术方案、技术指标、计算机程序、试验结果、技术文档等。"经营信息"包括但不限于客户名单、汇集资料、营销计划、营销策略、谈判策略及方案、采购资料、销售报表、定价策略、价格体系、财务计划、产品规划、法务规划、投标文件及其他与经营相关的智力成果。"智力成果"既包括有意识研究发现或总结得出的成果，也包括无意识发现的成果；既包括成功经验的成果，也包括失败教训的成果。

（2）披露方于本协议生效之前向接收方透露的上述保密信息。

（3）接收方从其他渠道获取的披露方保密信息，以及任何包含披露方保密信息的第三方保密信息。

1.2　保密信息的例外：

（1）任何已出版的或以其他形式处于公共领域的信息，以及在披露时

接收方通过其他合法途径已获得的信息。

（2）第三方在不侵犯他人权利及不违反与他人的保密义务的前提下提供给接收方的信息。

（3）接收方能够证明是由其独立开发的信息。

1.3　本协议任何条款不构成对保密信息明示或暗示的转让或许可，接收方也不能在合作目的之外使用保密信息。

第二条　保密义务

接收方同意只在合作目的范围内使用保密信息。同时，接收方承担以下保密义务：

2.1　接收方不得以任何形式（直接或间接）将保密信息披露、公布、散布、转让、许可给任何第三方，除非披露方以书面形式确认允许披露。

2.2　对于因合作需要必须使用该保密信息的接收方员工及聘请的第三方，接收方应事先得到披露方的书面许可，并与其签署持续有效的保密协议，保证上述人员遵守本协议中约定的义务。若接收方员工或其聘请的第三方违反保密义务，接收方同意就相关员工、第三方违反保密义务的行为向披露承担连带责任。接收方员工及聘请的第三方保密义务不因离职或与接收方的合同解除、终止而终止。

2.3　接收方不得于合作目的之外使用保密信息，不得对保密信息进行任何更改或采取任何反向工程、反向编译或反向破解行为。

2.4　接收方同意采取不低于保护本方保密信息的合理措施和审慎程度保护披露方保密信息，以防止保密信息丢失、被窃或无权接触保密信息的第三方接触该信息。

2.5　对于披露方披露的保密信息，披露方不向接收方做出任何承诺或保证，披露方不承担任何接收方使用或不能使用该等保密信息所造成的损失。

2.6　其他本着诚实信用原则应当承担的保密义务。

第三条　保密信息的确认

在可行的情况下，在披露保密信息之前，披露方应首先以书面形式

（或口头形式，但随后应以书面形式确认）向接收方说明其拟披露的保密信息的一般性质，并给接收方选择是否接收保密信息的机会。

第四条　强制披露

4.1　接收方根据相关行政机关、司法机关或监管机构按法律法规、部门规章的规定和法定程序的要求，可在被要求的范围内披露保密信息而无须承担本协议项下违约责任。

4.2　接收方根据适用的法律程序或行政强制性要求必须披露保密信息，则应事先以书面方式通知披露方，由披露方判断是否属法律法规强制性披露要求，并确定披露范围。

4.3　若接收方被强制要求披露披露方的保密信息，则接收方应及时通知披露方，以便披露方寻求必要的保护措施，防止或限制保密信息的进一步扩散，且接收方应当尽最大的努力帮助披露方有效地防止或限制该保密信息的透露。

第五条　保密信息的使用期限

接收方必须在主合同期限内（即＿＿＿年＿＿＿月＿＿＿日至＿＿＿年＿＿＿月＿＿＿日）按照约定的使用方式和使用目的使用披露方的保密信息，不得在主合同结束后以任何目的继续使用该信息。

第六条　保密期限

保密义务直至保密信息被依法公开而不需保密时止。接收方在本协议项下的保密义务与责任不因本协议期满或双方的合作关系被终止，直至该等保密信息根据本协议"保密信息的例外"条款或披露方书面通知解密而不需保密为止。

第七条　保密信息的返还或销毁

在双方合作关系终止时或在披露方以书面形式要求时，接收方应立即返还或销毁所有与披露方相关的保密信息，包括但不限于以任何形式存在的保密信息的原件、复印件、复制品及对保密信息的概述摘要，并向披露方提供已经返还或销毁保密信息的书面确认。

存在以下情形时，接收方在获取披露方的事先同意后，可以不予返还：

（1）该保密信息因其特殊性质不具有返还的可能性；

（2）接收方根据法律规定需继续保持保密信息的复印件、复制品，但在此情况下接收方应遵守本协议约定的保密义务。

第八条　违约责任

8.1　为更有效地保护双方利益，双方同意并认可当出现任何违约或预示违约行为时，应当先通过法律或公平原则提供权利救济，尽可能减少损失。

8.2　在本项目磋商、实施或合作期内，接收方违反本协议项下保密义务的，披露方有权立即终止谈判或解除与接收方的合同、合作关系。

8.3　接收方应当赔偿因其违约行为而给披露方造成的所有损失，并支付披露方因寻求救济而产生的诉讼费用或仲裁费用、律师费和其他费用。

8.4　因接收方的违约行为同时侵犯了披露方的商业秘密的，披露方可以选择根据本协议要求接收方承担违约责任，或者根据国家有关法律、法规要求接收方承担侵权责任。

8.5　如接收方的违约行为成立，应当支付＿＿＿元作为违约金。一方的违约行为给另一方造成损失的，还应当赔偿守约方损失；披露方通过司法途径的维权合理费用（包括律师费、取证费、诉讼费等其他合理费用）由违约方承担。

【说明】明确违约金可以降低举证难度，否则需要在发生纠纷时收集证明损失的相关证据。违约金的金额可通过考虑一旦泄密可能造成的损失来确定。

第九条　适用法律与争议解决

本合同的成立、效力、解释、执行均适用中国相关法律。有关本合同的解释、履行、不履行等的纠纷，应尽最大努力通过友好协商或和解解决。但纠纷发生后90日内仍无法通过协商解决时，双方选择以下第＿＿＿种方式解决纠纷。

（1）仲裁。

a）本条项下的仲裁，向＿＿＿仲裁中心申请仲裁，并依当时有效的＿＿＿仲裁中心仲裁规则进行仲裁。仲裁语言为中文。仲裁裁决是终局的且约束当事人，可在有管辖权的法院得到承认及执行。

b）除仲裁裁决另有规定之外，仲裁费用由败诉一方承担。

c）仲裁程序进行期间，除仲裁涉及的问题之外，双方应继续履行本合同。

（2）诉讼。

双方均可向＿＿＿所在地有管辖权的法院提起诉讼。

【说明】对于不希望相关纠纷在公开渠道可查询的主体，可以在订立合同时选择仲裁条款。若选择诉讼，建议约定本方所在地有管辖权的法院。

第十条　其他

10.1　若本协议中的任何条款被裁定为无效、违法或不可执行，则该条款应当被视作无效条款，但是本协议中其他条款继续有效。

10.2　本协议自双方授权代表签字并加盖公章之日起生效。

10.3　本协议一式两份，披露接收双方各执一份，均具有相同法律效力。

（以下无正文，以下为签名或盖章页）

甲方：（盖章）　　　　　　乙方：（盖章）

授权代表签字：　　　　　　授权代表签字：

日期：　　　　　　　　　　日期：

洽谈前保密协议

甲方：【说明】写明名称、机构代码、地址、联系人、联系方式
乙方：【说明】写明名称、机构代码、地址、联系人、联系方式

鉴于在双方正在进行的或者可能要进行的业务关系的讨论、洽谈或合作中，为达成预期项目，双方可能已经或者将要了解到对方的不对外披露的保密信息，为了保护双方的保密信息，依据《中华人民共和国民法典》《中华人民共和国反不正当竞争法》和有关法规的规定，甲乙双方就保密事项，经协商一致，达成如下协议，由签约双方共同恪守。

第一条 预期项目

本协议仅为甲乙双方为达成＿＿＿＿项目合作关系而使用，该项目所可能涉及内容被称为"预期项目"。本协议项下"保密信息披露方"和"保密信息接收方"将被分别称为"披露方"和"接收方"。

第二条 保密信息

2.1 本协议中的保密信息是指：在预期项目谈判过程中，披露方以书面、口头、图形、电子或其他任何形式表现、向接收方披露的不为公众所知悉、对公司有商业价值、并经公司采取相应保密措施的技术信息、经营信息、智力成果等商业信息。其中，"不为公众所知悉"是指该商业信息是不能从公开渠道直接获取的。"技术信息"包括但不限于以物理的、电子的、化学的、生物的或者其他形式的载体所表现的设计、程序、专有技术、技术方案、技术指标、计算机程序、试验结果、技术文档等。"经营信息"包括但不限于客户名单、汇集资料、营销计划、营销策略、谈判策略及方案、采购资料、销售报表、定价策略、价格体系、财务计划、产品规划、法务规划、投标文件及其他与经营相关的智力成果。"智力成果"既包括有意识研究发现或总结得出的成果，也包括无意识发现的成果；既包括成功经验的成果，也包括失败教训的成果。

2.2 公司商业秘密包括归属于公司的商业秘密，也包括公司依据协议或者法律对第三方负有保密义务的相关信息和资料。

2.3　保密信息的例外：

（1）任何已出版的或以其他形式处于公共领域的信息，以及在披露时接收方通过其他合法途径已获得的信息。

（2）第三方在不侵犯他人权利及不违反与他人的保密义务的前提下提供给接收方的信息。

（3）信息接收方能够证明是由其独立开发的信息。

第三条　保密义务

接收方同意只在合作目的范围内使用保密信息。同时，接收方承担以下保密义务：

3.1　接收方不得以任何形式（直接或间接）将保密信息披露、公布、散布、转让、许可给任何第三方，除非披露方以书面形式确认允许披露。

3.2　对于因合作需要必须使用该保密信息的接收方员工及聘请的第三方，接收方应事先得到甲方的书面许可，并与其签署持续有效的保密协议，保证上述人员遵守本协议中约定的义务。若接收方员工或其聘请的第三方违反保密义务，接收方同意就相关员工、第三方违反保密义务的行为向披露方承担连带责任。接收方员工及聘请的第三方保密义务不因离职或与接收方的合同解除、终止而终止。

3.3　接收方不得对保密信息进行任何更改或采取任何反向工程或反向破解行为。

3.4　接收方同意采取不低于保护本方保密信息的合理措施和审慎程度保护披露方保密信息，以防止保密信息丢失、被窃或无权接触保密信息的第三方接触该信息。

3.5　接收方如发现因本方过失泄漏保密信息，应当采取有效措施防止泄密进一步扩大，并及时向披露方的相关部门报告。

3.6　其他本着诚实信用原则应当承担的保密义务。

第四条　保密信息的确认

在可行的情况下，在披露保密信息之前，提出披露方应首先以书面形式（或口头形式，但随后应以书面形式确认）向接收方说明其拟披露的保密信息的一般性质，并给接收方选择是否接收保密信息的机会。

第五条　强制披露

接收方根据相关行政机关、司法机关或监管机构按法律法规、部门规章的规定和法定程序的要求，可在被要求的范围内披露保密信息而无须承担本协议项下违约责任，但应及时就该等披露向对方发出通知。

第六条　违约责任

6.1　为更有效地保护双方利益，双方同意并认可当出现任何违约或预示违约行为时，应当先通过法律或公平原则提供权利救济，尽可能减少一方损失，接收方须尽一切努力尽快消除泄密事件对披露方造成的不利影响或配合披露方积极止损。

6.2　在预期项目磋商内，接收方违反本协议项下保密义务的，无论是否支付违约金，披露方均有权立即终止谈判或解除与接收方的合作关系。

6.3　接收方违反上述保密义务的，应当支付＿＿＿元作为违约金。接收方的违约行为给披露方造成损失的，还应当赔偿披露方损失。并支付披露方因寻求救济而产生的诉讼费用或仲裁费用、律师费和其他合理费用。

【说明】明确违约金可以降低举证难度，否则需要在发生纠纷时收集证明损失的相关证据，违约金的金额可通过考虑一旦泄密可能造成的损失来确定。

6.4　接收方应就其任何员工违反本协议的任何条款而向披露方承担全部责任。

第七条　保密期限

7.1　保密义务直至保密信息被依法公开而不需保密时止。

7.2　若双方就预期项目达成合作，则双方须承担的保密义务以另行签署的项目保密协议为准；如双方确认不再就预期项目进行后续谈判的，则本协议期满。

7.3　接收方在本协议项下的保密义务与责任不因本协议期满或双方的

合作关系解除而被终止，上述保密义务期限直至该等保密信息根据本协议"保密信息的例外"条款或披露方书面通知解密而不需保密为止。

第八条 适用法律与争议解决

本合同的成立、效力、解释、执行均适用中国相关法律。有关本合同的解释、履行、不履行等的纠纷，应尽最大努力通过友好协商或和解解决。但纠纷发生后90日内仍无法通过协商解决时，双方选择以下第____种方式解决纠纷。

（1）仲裁。

a）本条项下的仲裁，向____仲裁中心申请仲裁，并依当时有效的____仲裁中心仲裁规则进行仲裁。仲裁语言为中文。仲裁裁决是终局的且约束当事人，可在有管辖权的法院得到承认及执行。

b）除仲裁裁决另有规定之外，仲裁费用由败诉一方承担。

c）仲裁程序进行期间，除仲裁涉及的问题之外，双方应继续履行本合同。

（2）诉讼。

双方均可向____所在地有管辖权的法院提起诉讼。

【说明】对于不希望相关纠纷在公开渠道可查询的主体，可以在订立合同时选择仲裁条款。若选择诉讼，建议约定己方所在地有管辖权的法院。

第九条 其他

9.1 本协议仅用于保护保密信息这一目的。

9.2 若本协议中的任何条款被裁定为无效、违法或不可执行，则该条款应当被视作无效条款，但是本协议中其他条款继续有效。

9.3 本协议自双方法定代表人或授权代表签字并加盖公章之日起生效。

9.4 本协议一式两份，双方各执一份，均具有相同法律效力。

（以下无正文，以下为签名或盖章页）

甲方：（盖章）　　　　　　乙方：（盖章）

授权代表签字：　　　　　　授权代表签字：

日期：　　　　　　　　　　日期：

第二节　科研活动管理相关合同

一、商业秘密人员管理合同

（一）起草合同关注要点

商业秘密人员管理合同是指通过保密协议、竞业限制协议、保密承诺书等方式对负有保密义务的人员的保密责任进行明确和约定。商业秘密人员管理合同应主要关注以下条款：

（1）保密内容的期限。除非保密信息丧失秘密性、保密性和价值性而被公开，保密的期限应为永久。

（2）保密内容的确定。对于员工、参访人员等，保密内容应当与其可以接触到的商业秘密相匹配，并且建议采用正向列举、反面排除再加兜底条款的形式进行明确。

（3）竞业限制协议涉及的义务范围。竞业限制一般包括禁入行业（相同或类似）和禁止行为（入职或自营）两种方式的规制。其中，禁入行业指禁止以任何方式参与或从事与公司及其关联方业务相关或相似的业务或与公司及其关联方业务有竞争的业务，相关、相似或有竞争性的判断因素包括但不限于工商登记的经营范围部分重叠、存在相同的客户类型或者采用相似的运营模式。禁止行为（入职或自营）指禁止作为股东、合伙人、经营者、管理者、董事、雇员、代理商、承包商、顾问或其他任何身份实施以下行为：受聘或服务于与公司及其关联方有竞争关系的主体；投资、参股、创立、管理、承包经营、委托经营任何与公司及其关联方有竞争关系的主体；为任何与公司及其关联方有竞争关系的主体提供咨询、协助或资助。

（二）合同范本

劳动合同书

依据《中华人民共和国劳动法》《中华人民共和国劳动合同法》和有关法规的规定，甲乙双方经平等自愿、协商一致签订本合同，由签约双方共同恪守。

第一条 劳动合同双方当事人基本情况

1.1 甲方信息

甲方名称：_____

法定代表人（主要负责人）或委托代理人：_____

注册地址：_____

经营地址：_____

1.2 乙方信息

乙方姓名：_____

乙方性别：_____

居民身份证号码：_____

（或者其他有效证件名称：_____，证件号码：_____）

在甲方工作起始时间：____年____月____日

家庭住址：_____

邮政编码：_____

户口所在地：_____

第二条 劳动合同期限

2.1 本合同为固定期限劳动合同。

本合同于____年____月____日生效，其中试用期至____年____月____日止。本合同于____年____月____日终止。

第三条　工作内容和工作地点

3.1　乙方同意根据甲方工作需要，担任____岗位工作。

3.2　根据甲方的岗位（工种）作业特点，乙方的工作区域或工作地点为____。

3.3　乙方应按所在岗位的岗位职责及甲方工作要求，按时完成规定的工作量，达到规定的质量标准。

第四条　工作时间和休息休假

4.1　甲方安排乙方执行标准工时制度。

4.2　乙方休假按照国家相关规定执行。

第五条　劳动报酬

5.1　甲方每月 30 日前以货币形式支付乙方工资，月岗位工资____元，职务补贴____元。

5.2　乙方在试用期期间的工资为____元。甲乙双方对工资的其他约定：____。

5.3　甲方可从乙方工资中代扣代缴以下款项：

（1）乙方应缴纳的个人所得税；

（2）应由乙方个人缴纳的各项社会保险费用；

（3）按规定应从乙方工资中扣缴的其他费用。

5.4　甲方支付乙方工资应不低于当年____市最低工资标准。

第六条　社会保险及其他保险福利待遇

6.1　甲乙双方按国家和____市的规定参加社会保险。甲方为乙方办理有关社会保险手续，并承担相应社会保险义务。

6.2　乙方患病或非因工负伤的医疗待遇按国家、____市有关规定执行。

6.3　乙方患职业病或因工负伤的待遇按国家和____市的有关规定执行。

6.4　甲方为乙方提供以下福利待遇：甲方按照国家和____市有关规定

为乙方建立住房公积金，乙方按规定缴纳个人应缴金额。

第七条 劳动保护、劳动条件和职业危害防护

7.1 甲方根据生产岗位的需要，按照国家有关劳动安全、卫生的规定为乙方配备必要的安全防护措施，发放必要的劳动保护用品。

7.2 甲方根据国家有关法律法规，建立劳动安全制度；乙方应当严格遵守甲方的劳动安全制度，严禁违章作业，防止劳动过程中的事故，减少职业危害。

7.3 甲方应当建立健全职业病防治责任制度，加强对职业病防治的管理，提高职业病防治水平。

第八条 劳动纪律

8.1 甲方根据管理需要，依法制定规章制度和劳动纪律。

8.2 乙方违反上述规章制度和劳动纪律的，甲方有权根据规章制度进行处理，直至解除本合同。

8.3 乙方应遵守规章制度和劳动纪律，遵守操作规程和工作规范；爱护甲方的财产，遵守职业道德；积极参加甲方组织的培训，提高自身素质。

8.4 乙方对在工作中知悉的甲方商业秘密负有保密义务，未经甲方同意，乙方不得以泄露、告知、公布、发布、出版、传授、转让或者其他任何方式使用甲方任何商业秘密。未经甲方授权或者许可，乙方不得以摘抄、复制、传真、拍照、电子邮件等方式占有、传播、出售、使用或允许他人（包括不该知悉该项秘密的甲方的其他职员）使用甲方商业秘密。

【说明】在劳动合同中应当设置明确的保密条款，起到提醒员工与减少举证责任的双重效果。

第九条 劳动合同的解除、终止和经济补偿

9.1 乙方有下列情况之一，甲方可解除劳动合同，并不支付经济补偿金：

（1）在试用期内被证明不符合录用条件的；

（2）严重违反劳动纪律或甲方依法制定的规章制度，按照甲方规定可以解除劳动合同的；

（3）以欺诈、胁迫的手段使甲方违背真实意思签订劳动合同致使劳动合同无效的；

（4）同时与其他用人单位建立劳动关系，对完成本单位的工作任务造成严重影响或者经用人单位提出拒不改正的；

（5）严重失职，营私舞弊，给用人单位造成重大损害的；

（6）被依法追究刑事责任的；

（7）法律规定的其他情形。

9.2　有下列情况之一的，甲方可以解除本合同，但应当提前30日以书面形式通知乙方或者额外支付乙方1个月工资：

（1）乙方患病或非因工负伤，医疗期满后不能从事原工作，也不能从事由甲方安排的其他工作的；

（2）乙方不能胜任工作、履行合同差、完不成工作任务、考核不合格，经过培训或者调整工作岗位，仍不能胜任的；

（3）劳动合同订立时所依据的客观情况发生重大变化，致使原合同无法履行，经当事人协商不能就变更合同达成合同的；

（4）法律规定的其他情形。

9.3　乙方解除本合同，应当提前30日以书面形式通知甲方。乙方在试用期内提前3日通知甲方，可以解除劳动合同。

9.4　乙方有下列情形之一，甲方不得依据本合同第9.2条的规定解除合同：

（1）从事接触职业病危害作业的劳动者未进行离岗前职业健康检查，或者疑似职业病病人在诊断或者医学观察期间的；

（2）在本单位患职业病或者因工负伤并被确认丧失或者部分丧失劳动能力的；

（3）患病或者非因工负伤，在规定的医疗期内的；

（4）女职工在孕期、产期、哺乳期的；

（5）在本单位连续工作满 15 年，且距法定退休年龄不足 5 年的；

（6）法律、行政法规规定的其他情形。

9.5 经甲乙双方协商一致，可以解除本合同。

9.6 有下列情形之一，本合同自行终止：

（1）劳动合同期满的；

（2）劳动者开始依法享受基本养老保险待遇的；

（3）劳动者死亡，或者被人民法院宣告死亡或失踪的；

（4）用人单位被依法宣告破产的；

（5）用人单位被吊销营业执照、责令关闭、撤销或者用人单位决定提前解散的；

（6）法律、行政法规规定的其他情形。

9.7 解除或者终止本合同需签订《解除、终止劳动合同合同书》。

9.8 解除或者终止本合同，甲方对符合规定情形的劳动者按照法律规定支付其经济补偿金。

9.9 解除或者终止劳动合同，乙方应当按照甲方离职管理规定，办理工作交接。甲方应当支付经济补偿的，在办结工作交接时支付。

第十条 劳动合同的变更与续订

有下列情形之一的，甲乙双方应变更劳动合同并及时签订《劳动合同变更书》：

（1）甲乙双方协商一致的；

（2）订立本合同所依据的客观情况发生重大变化，致使本合同无法履行的；

（3）订立本合同所依据的法律、法规、规章发生变化的。

本合同期满，甲乙双方协商一致，可以签订《劳动合同续签书》。

第十一条 当事人约定的其他内容

11.1 在劳动合同解除或终止后，乙方仍对在劳动合同有效期间获知的商业秘密负有保密义务。

11.2　甲方出资对乙方进行技术培训的，乙方服务期及违约金约定见培训合同。培训合同作为合同附件，与本合同具同等法律效力。

11.3　甲乙双方约定本合同增加以下内容：＿＿＿。

第十二条　劳动争议处理及其他

12.1　双方因履行本合同发生争议，当事人可以向甲方劳动争议调解委员会申请调解；调解不成的，可以向劳动争议仲裁委员会申请劳动仲裁。当事人一方也可以直接向劳动争议仲裁委员会申请劳动仲裁。

12.2　本合同的附件如下＿＿＿。

12.3　本合同未尽事宜或与今后国家、＿＿＿市有关规定相悖的，按有关规定执行。

12.4 本合同一式两份，甲乙双方各执一份。

（以下无正文，以下为签名或盖章页）

甲方：（盖章）　　　　　　　乙方：（签字）

法定代表人（签字或盖章）

日期：　　　　　　　　　　　日期：

员工入职保密协议

甲方（全称）：_____

乙方：_____

身份证号码：_____

居住地址：_____

鉴于甲乙双方已签署劳动合同，建立劳动关系，且乙方在工作过程中将可能知悉或使用甲方的商业秘密，也可能因履行职务而产生属于甲方的商业秘密，为保护甲方合法权益不受侵犯，甲乙双方经平等自愿、协商一致签订本合同，由签约双方共同恪守。

第一条　本协议的商业秘密是指不为公众所知悉、对甲方有商业价值并经甲方采取相应保密措施的技术信息、经营信息等商业信息。经甲方和第三方协议约定的保密信息视同甲方的商业秘密，适用本协议。

第二条　乙方在甲方任职期间，必须遵守甲方规定的任何成文或者不成文的保密规章和制度，履行与其工作岗位相应的保密职责。

第三条　甲方的保密制度没有规定或者存在规定不明确之处，乙方亦应本着谨慎、诚信的态度，采取必要、合理的措施，维护其于任职期间知悉或者持有的任何属于甲方或者虽属于第三方但甲方承诺有保密义务的商业秘密。

第四条　乙方承诺未经甲方同意，不得以泄露、告知、公布、发布、出版、传授、转让或者其他任何方式使任何第三方知悉属于甲方或者虽属于第三方但甲方承诺有保密义务的商业秘密。

第五条　乙方对其发现的窃取甲方商业秘密的行为及其他疑似商业秘密泄露事件负有揭发、举报义务，甲方对乙方揭发、举报行为进行奖励。

第六条 未经甲方授权或者许可，乙方不得以摘抄、复制、传真、拍照、电子邮件等方式占有、传播、出售、使用或允许他人（包括不该知悉该项秘密的甲方的其他职员）使用甲方的商业秘密。

第七条 甲方有权对乙方是否履行保密协议进行检查。乙方未按照甲方保密制度和本协议约定的要求履行保密义务的，甲方有权根据绩效考核制度予以处罚，涉及乙方各项奖励、奖金、股权激励甲方有权依据公司管理规定取消或者扣减。

第八条 乙方承诺以电子数据形式记存甲方商业秘密的软件、文档的使用范围只限于甲方的计算机系统。

第九条 乙方应于离职时或者甲方提出要求时，返还全部属于甲方的财物、数据、文档、资料、信息等，办理商业秘密的交接手续，销毁或者交还该信息副本，未办理或者未办理完全商业秘密交接手续的，不予办理离职手续，并依据公司管理规定予以处罚。

【说明】明确员工离职前需要返还商业秘密、进行离职交接。若在离职后发现员工仍在使用公司商业秘密，则可以违反此条进行举证。

第十条 在劳动合同解除或终止后，乙方仍对在劳动合同有效期间获知的甲方或者虽属于第三方但甲方承诺有保密义务的商业秘密负有保密义务。

第十一条 乙方违反本协议约定，甲方有权给予乙方处分；给甲方造成损失的，乙方应承担赔偿责任，该损失包括实际损失和可得利益损失。

第十二条 乙方违反本协议约定，泄露甲方商业秘密两次以上的或者泄露甲方绝密级商业秘密的，属于严重违反劳动纪律的情形。甲方对此有权单方立即解除与乙方的劳动合同，且不承担任何补偿责任。

第十三条 因乙方违反本协议所约定的义务造成甲方损失的，乙方须赔偿甲方的全部损失，损失的计算方式包括甲方利润减少损失、成本增加损失、乙方获利等，按照上述方式无法计算的，赔偿损失金额为＿＿元。乙方上述违约行为导致甲方需向第三人承担侵权赔偿责任的，甲方有权向乙方追偿，其费用包括但不限于由此产生的诉讼费用和侵权赔偿费用等。

【说明】明确违约金可以降低举证难度，但劳动关系不可以在此类协议中约定固定违约金，因此只能采用兜底方式进行损失认定。

第十四条 因履行本协议发生争议的，双方首先协商解决。协商不成时，任何一方均有权【说明】<u>可以选定一个仲裁机构或者约定向甲方所在地人民法院提起诉讼。</u>本协议自甲乙双方签字盖章之日起生效，一式两份，双方各执一份，具有同等法律效力。

（以下无正文，以下为签名或盖章页）

甲方（盖章）：　　　　　　　　乙方（签字）：

法人代表人（签字或盖章）：

日期：　　　　　　　　　　　　日期：

保密及竞业限制协议

甲方（全称）：_____

乙方：_____

身份证号码：_____

居住地址：_____

联系电话：_____

电子邮箱_____

鉴于甲乙双方已经确立劳动关系，乙方在甲方任职期间，可能接触、知悉或者掌握甲方（本协议所称"甲方"包含甲方及甲方集团关联企业，关联形式包括但不限于总分公司、母子公司、协议控制、具有相同实际控制人或其他可以被视为集团旗下企业的关联关系）的秘密，为保护甲方的合法权益，依据《中华人民共和国民法典》《中华人民共和国反不正当竞争法》和有关法规的规定，甲乙双方就保密事项，经协商一致，达成如下协议，由签约双方共同恪守。

第一条　甲方商业秘密的范围

（1）根据《中华人民共和国反不正当竞争法》第九条的规定，商业秘密是指不为公众所知悉、具有商业价值并经权利人采取相应保密措施的技术信息、经营信息等商业信息。本协议项下商业秘密是指甲方向乙方提供的，或者乙方在甲方工作期间所了解到的，或者乙方为完成甲方工作任务而开发出来的，或者由甲方向第三方承担有保密义务的而为乙方所了解到的甲方和/或第三方的技术信息、经营信息、智力成果等商业信息。其中，"技术信息"包括但不限于以物理的、电子的、化学的、生物的或者其他形式的载体所表现的设计、程序、专有技术、技术方案、技术指标、计算机程序、试验结果、技术文档等。"经营信息"包括但不限于客户名单、汇集资料、行销计划、营销策略、谈判策略及方案、采购资料、销售报表、定价策略、价格体系、财务计划、产品规划、法务规划、投标文件及其他与经营相关的智力成果。"智力成果"既包括有意识研究发现或总结得出的成果，也包括无意识发现的成果；既包括成功经验的成果，也包括失败教训的成果。

【说明】明确保密的内容和范围，即应当在合同中明确界定哪些"技术信息"

和"经营信息"属于商业秘密，避免笼统地将所有技术或信息约定为商业秘密。

第二条 保密期限

2.1 甲方商业秘密的保密期限截止于该商业秘密为公众所知悉之时。

2.2 根据法律法规、证券机构规定、司法命令或裁决需要公开的公司商业秘密，该商业秘密在按照法定程序公开之时起为公众所知悉。

2.3 有确凿证据足以证明公司商业秘密为公众所知悉的，经报公司商业秘密管理办公室核实后，确定该公司商业秘密为公众所知悉之日，即确定保密期限截止日。

2.4 公告及财务报告没有直接、清晰无误披露的事项依然属于公司商业秘密。

第三条 乙方在职期间的保密义务

3.1 乙方在职期间应当遵守《中华人民共和国保守国家秘密法》《中华人民共和国公司法》《中华人民共和国反不正当竞争法》等国家法律法规，以及公司《商业秘密管理规定》《员工手册》等甲方关于保密的相关制度，不得以任何方式向任何第三方（包括按照甲方保密制度规定不得知悉该项秘密的甲方其他员工）泄露甲方商业秘密，不得以任何非履职行为使用甲方商业秘密，不得以任何方式诱导或者帮助第三方知悉和利用甲方商业秘密。

【说明】单位应当制定《商业秘密管理规定》《员工手册》等配套文件，若无此类文件，应当将此条中的描述修改为"甲方的相关制度"。

3.2 乙方如发现甲方商业秘密已经或者可能被泄露，应当立即采取相应措施报告甲方，并配合甲方做好保密工作。

3.3 乙方工作成果的所有权及知识产权均归甲方享有，乙方应当妥善保管、注重保密，配合甲方取得和行使相关知识产权；对于乙方工作成果中，依照法律规定由乙方享有的署名权等权利，甲方尊重并协助乙方行使其权利。

第四条 乙方的竞业限制

4.1 乙方在甲方工作期限内：

（1）不得以自己身份、其他自然人或企业身份等非甲方身份直接或间

接从事、参与或帮助与甲方经营范围、经营项目、经营业务具有关联性或竞争性的工作;

（2）不得以自己身份、其他自然人或企业身份等非甲方身份直接或间接在与甲方经营范围、经营项目、经营业务具有关联性或竞争性的单位（以下简称"竞争单位"）任职、持有利益（包括但不限于投资利益）;

（3）不得直接或间接以任何手段为竞争单位提供服务、帮助或支持;

（4）不得为竞争单位或其他单位招揽甲方员工、顾问、经理、供应商、客户等;

（5）不得干扰或破坏（或教唆或帮助他人干扰或破坏）甲方同客户或潜在客户之间的关系和／或协议。

4.2　乙方离职时，甲方有权利选择是否要求乙方履行竞业限制的义务，要求乙方履行的，甲方将根据相关法律规定按月向乙方支付经济补偿金，补偿标准参照当年本市最低工资标准，双方另有约定的以约定标准为准。若甲方不需要乙方再履行竞业限制的义务，甲方将在乙方离职时告知乙方。

4.3　乙方从甲方离职后 2 年内（以下简称"竞业限制期间"，双方另有约定的以约定期间为准）:

（1）不得直接或间接以任何方式从事第 4.1 条款所规定的全部行为;

（2）除非经过甲方书面批准，乙方在竞业限制期间内，不得再去甲方集团内部其他经营相同业务或项目的关联公司内任职。

第五条　乙方离职前的脱密

5.1　甲乙双方明确解除或终止劳动合同的，甲方根据需要将安排乙方至其他非涉密岗位进行脱密，脱密期不低于 30 天，直至劳动合同解除或终止。脱密指的是安排到不再接触到商业秘密的岗位工作。

5.2　乙方在甲方关键岗位或涉密岗位等重要岗位工作的，经甲方提出、双方协商一致后签订离职后竞业限制协议（含本协议，如有需要，将另行签订竞业限制协议;另行签订的竞业限制协议与本协议不一致的，以双方另行约定的内容为准），承担竞业限制义务。

5.3　乙方应在劳动合同解除或者终止前配合甲方办理工作交接，确保甲方秘密载体的完整、安全，不得以任何形式转移涉及甲方秘密的资料。

第六条 乙方离职后的保密义务

劳动合同解除或者终止后，乙方应当继续对其在甲方任职期间知悉的商业秘密承担与在职期间相同的保密义务，除非甲方宣布解除或者公开相关秘密信息。

第七条 违约责任

7.1 甲乙双方均应当严格执行本协议。任何一方违约，应当按国家法律法规、甲方规章制度及本协议约定承担全部违约责任。

7.2 乙方在职期间违反本协议，未履行保密和竞业限制义务及离职前脱密约定的，视为严重违反甲方规章制度的行为，甲方有权解除与乙方的劳动关系，且乙方应当支付____元作为违约金。乙方的违约行为给甲方造成损失的，还应当赔偿甲方损失。

【说明】明确违约金可以降低举证难度，否则需要在发生纠纷时收集证明损失的相关证据。

7.3 乙方离职后违反本协议，未履行保密义务给甲方造成损失的，应当向甲方赔偿全部经济损失；未履行竞业限制义务的，应当向甲方返还全部收到的竞业限制补偿金（税前），并向甲方支付违约金，违约金标准为乙方离职前 12 个月工资总额（含奖金、福利）的两倍，如违约金不足以补偿甲方全部经济损失，乙方仍应继续赔偿甲方经济损失。

7.4 以上所称经济损失，包括甲方为处理违约事件所发生的包括调查、仲裁、诉讼、聘请律师等法律费用在内的全部支出。

7.5 乙方违反本协议的任何条款，还应当承担以下责任：

（1）协助甲方采取一切合理的补救措施。

（2）乙方因违约行为而获得的收益归甲方所有。

（3）乙方应当依法承担的其他责任。

（4）乙方违反本协议的约定，甲方有权将乙方违约信息在个人征信系统上予以公布。

第八条　不存在抵触性协议的保证

乙方声明并保证，接受甲方聘用并签订本协议，并没有违反自己曾签订过的其他合同或者协议。

第九条　未尽事宜及争议解决

9.1　本协议未尽事宜，由甲乙双方协商另行签订补充协议。

9.2　因本协议而产生的任何纠纷，双方应当首先协商解决；协商解决不成的，任何一方均有权依据国家法律法规，向甲方所在地劳动争议仲裁委员会提起仲裁。

【说明】竞业限制协议产生的纠纷由劳动仲裁机构主管。

第十条　其他

10.1　岗位调整或者其他原因导致客观情况发生变化的，经甲乙双方协商一致，重新签订本协议。

10.2　本协议为甲乙双方所签订的劳动合同的有效组成部分，本协议未尽事宜，依劳动合同相关约定办理。

10.3　本协议不因双方劳动关系的解除或者终止而失效；除非双方书面同意，否则本协议不得以任何方式解除或者终止。

10.4　本协议部分条款或内容的无效、解除或终止，不影响其他条款的法律效力。

10.5　本协议自乙方签字、甲方盖章之日起生效，一式两份，甲方执一份，乙方执一份，具有同等法律效力。

（以下无正文，以下为签名或盖章页）

甲方：（盖章）　　　　　　　　乙方：（签字）

法定代表人：（签字或盖章）

日期：　　　　　　　　　　　　日期：

参访人员保密承诺书

由于本人在参观【说明】如实验室、生产车间的过程中，有可能接触贵单位的技术信息等商业秘密，所以在此作出以下保密承诺：

【说明】根据实际参观的涉密地点进行调整，包括实验室、生产车间、厂区、办公室、机房等。

（1）未将任何拍照设备、录音录像设备、存储设备、磁性物质带入贵所告知的保密区域，未记录数据、型号等详细信息。

（2）按照贵所指定的参观路线进行参观，不私自偏离参观路线。

（3）不以任何方式（口头、书面、电子媒体等）向外界泄露任何在参观过程中获取的有损贵所利益的商业秘密信息，以及利用这些信息进行生产经营活动。

（4）本人承担泄露贵所商业秘密而导致的法律责任及相关联的经济连带责任。

承诺方签名：＿＿＿＿＿＿＿＿＿＿＿＿＿＿＿

身份证号：＿＿＿＿＿＿＿＿＿＿＿＿＿＿＿

参观日期：＿＿＿＿＿＿＿＿＿＿＿＿＿＿＿

联系方式：＿＿＿＿＿＿＿＿＿＿＿＿＿＿＿

实习人员保密协议

甲方（全称）：_____

乙方：_____

身份证号码：_____

鉴于乙方为甲方的实习人员，且乙方在实习过程中将可能知悉或使用甲方的商业秘密，也可能因完成实习工作内容而产生属于甲方的商业秘密，为保护甲方的合法权益，依据《中华人民共和国民法典》《中华人民共和国反不正当竞争法》和有关法规的规定，甲乙双方就乙方在实习期间及实习结束后的保密事项，经协商一致，达成如下协议，由签约双方共同恪守。

第一条　本协议的商业秘密是指不为公众所知悉、对公司有商业价值并经公司采取相应保密措施的技术信息、经营信息等商业信息。其中，"不为公众所知悉"是指该商业信息不是其所属领域的相关人员普遍知悉的或者不能从公开渠道容易获得。"技术信息"是指利用科学技术知识、信息和经验获得的技术方案或相关信息，包括但不限于产品配方、制作工艺、制作方法、研发记录、实验数据、技术诀窍、技术图纸、样品、样机、模型、模具、设备、设计、程序、公式、编程规范、计算机软件源代码和有关文档等信息。"经营信息"是指与公司经营活动有关的各类信息，包括但不限于战略规划、客户信息、员工信息、货源信息、销售信息、产品发货单、物流信息单、营销策略、谈判策略、定价策略、财务计划、产品规划、招投标中的标底及标书内容等信息。公司商业秘密包括归属于公司的商业秘密，也包括公司依据协议或者法律法规对第三方负有保密义务的相关信息和资料。公司商业秘密既包括承载于有名文件或无名文件中并存储在有形载体上的商业信息，也包括以非文件形式获取并被大脑记忆的商业信息。以非文件形式存在的商业秘密应当及时以文件形式记录。公司商业秘密既包括独立文件记载的商业信息，也包括不同文件组合所体现的商业信息及多个文件积累、整理、分析或使用所体现的商业信息。

【说明】明确保密的内容和范围，即应当在合同中明确界定哪些"技术信息"和"经营信息"属于商业秘密，避免笼统地将所有技术或信息约定为商业秘密。

第二条 乙方在甲方实习期间，必须遵守甲方规定的任何成文或者不成文的保密规章、制度，履行与其实习岗位相应的保密职责。

第三条 甲方的保密制度没有规定或者存在规定不明确之处，乙方亦应本着谨慎、诚信的态度，采取必要、合理的措施，维护其于实习期间知悉或者持有的任何商业秘密。

第四条 乙方承诺未经甲方同意，不得以泄露、告知、公布、发布、出版、传授、转让或者其他任何方式使任何商业秘密披露。

第五条 乙方对其发现的窃取甲方商业秘密的行为及其他疑似商业秘密泄露事件负有揭发、举报义务，甲方对乙方揭发、举报行为进行奖励。

第六条 未经甲方授权或者许可，乙方不得以摘抄、复制、传真、拍照、电子邮件等方式占有、传播、出售、使用或允许他人（包括不该知悉该项秘密的甲方的其他职员）使用商业秘密。

第七条 甲方有权对乙方是否履行保密协议进行检查。乙方未按照甲方保密制度和本协议约定的要求履行保密义务的，甲方有权根据绩效考核制度予以处罚，涉及乙方各项奖励、奖金、股权激励甲方有权依据企业规定取消或者扣减。

第八条 乙方承诺以电子数据形式记存甲方商业秘密的软件、文档的使用范围只限于甲方所有的计算机系统。

第九条 乙方由于实习工作产生的工作成果的所有权及知识产权均归

甲方享有，乙方应当妥善保管，注重保密，配合甲方取得和行使相关知识产权；对于乙方工作成果中，依照法律规定由乙方享有的署名权等权利，甲方尊重并协助乙方行使其权利。

第十条 乙方应于实习结束时或者甲方提出请求时，返还全部属于甲方的财物，办理商业秘密的交接手续，销毁或者交还该信息副本，未办理或者未办理完全商业秘密交接手续的，不得离职。

第十一条 实习期满后，乙方对在实习期间获知的商业秘密仍负有保密义务。

第十二条 乙方违反本协议约定，甲方有权给予乙方处分。给甲方造成损失的，乙方应承担赔偿责任，该损失包括实际损失和可得利益损失。

第十三条 因乙方违反本协议所约定的义务，且应当支付＿＿元作为违约金。乙方的违约行为给甲方造成损失的，还应当赔偿甲方损失；导致甲方需向第三人承担侵权赔偿责任的，甲方有权向乙方追偿，其费用包括但不限于由此产生的诉讼费用和侵权赔偿费用等。

【说明】明确违约金可以降低举证难度，否则需要在发生纠纷时收集证明损失的相关证据。

第十四条 因履行本协议发生争议的，双方首先协商解决。协商不成时，任何一方均有权【说明】<u>可以选定一个仲裁机构或者约定向甲方所在地人民法院提起诉讼。</u>本协议自甲乙双方签字盖章之日起生效，一式两份，双方各执一份，具有同等法律效力。

甲方（盖章）：　　　　　　　乙方（签名）：

日期：　　　　　　　　　　　日期：

二、科技期刊管理合同

（一）起草合同关注要点

科技期刊管理合同涉及期刊著作权的相关问题，需要重点关注以下条款：

（1）对于论文著作权授权合同，需要作者承诺原创无抄袭，明确许可的方式及许可的著作权内容。

（2）对于合作办刊合同，注意约定清楚合作刊物中发表作品的著作权相关财产权利的归属与许可关系，并且注意涉及期刊名称、商标、版式设计的知识产权，需要明确上述知识产权的归属与使用行为的规范。

（二）合同范本

论文著作权授权合同

中文论文标题：＿＿＿＿＿＿

作者姓名：＿＿＿＿＿＿＿

作者单位：＿＿＿＿＿＿＿

遵照《中华人民共和国著作权法》，自本合同签署之日起，上述论文全体作者同意将该作品（包括但不限于论文正文、附图、附件、视频及实验数据等内容）的所有著作权（含各种介质、媒体）独家授予《＿＿＿》编辑部在全世界范围使用。《＿＿＿》编辑部有权作为著作权人享有除著作人身权外的一切权利。

【说明】对于论文著作权授权合同，需要明确许可的方式及许可的著作权内容。

本论文作者可以引用投稿论文，可在本单位或本人著作中集中汇编出版，以及用于宣讲和交流，但应注明发表于《＿＿＿》＿＿＿年、＿＿＿卷、＿＿＿期。如有国内外其他单位和个人复制、翻译出版等商业活动，须征得《＿＿＿》编辑部的书面同意。

在本授权合同中作者保证：

（1）本论文是作者独立完成取得的原创性研究成果，全部数据真实可靠，其内容不涉及国家秘密及单位商业秘密，无抄袭、侵犯他人知识产权等内容；

【说明】对于论文著作权授权合同，需要作者承诺原创无抄袭、无侵权内容。

（2）本论文未曾以任何形式、任何文种在国内外公开发表过；

（3）本论文作者单位和作者署名的内容和排序无争议；

（4）所有作者以后均不得以任何形式在其他地方公开发表本论文。

（5）一旦发现本论文涉及剽窃、抄袭、一稿多投、伪造数据等违规及侵害他人权益的问题，《＿＿＿》编辑部为了维护科学道德规范和正常的出版秩序，将对责任作者进行严肃处理，在本刊刊出作者单位、姓名及撤销本论文的通告；本刊将拒绝发表本论文第一作者的一切文稿；并将就此事件向作者所在单位和该领域的其他科技期刊进行通报。如本论文未能通过审查而不能在《＿＿》发表，本合同自动失效。

　　所有作者签字：
　　＿＿年＿＿月＿＿日

合作办刊合同

甲方：【说明】写明名称、机构代码、地址、联系人、联系方式

乙方：【说明】写明名称、机构代码、地址、联系人、联系方式

依据《中华人民共和国民法典》和有关法规的规定，甲乙双方就合作办刊事项，经协商一致，达成如下合同，由签约双方共同恪守：

第一条 合作时间为____年____月____日至____年____月____日。

第二条 合作期间，甲方负责出版《____》杂志并把握政治方向，终审稿件，乙方负责所有的稿件和外围运营工作。

第三条 合作期间乙方向甲方缴纳____万元保证金，在合作终止后3个月未发现与合作相关的经济纠纷后，退还乙方。

第四条 《____》杂志的广告费及所有经营利润由甲乙双方____分配（其中，工作人员工资、印刷费、邮寄费由____方负责）。财务及财务管理由甲方负责，乙方委派财务监督人员，所有办刊收入汇入甲方提供的对公账号。

【说明】财务管理制度以及利润分配细节以附件为准。

第五条 甲方权利

5.1 甲方对《____》杂志的办刊方针、出版原则、编辑拥有稿件终审权，对所有文字、图片等拥有删改权，并对其健康有序合法出版及经营过程有权监督。

5.2 乙方违背新闻出版宣传方针政策的，甲方有权终止合作。

5.3 甲方拥有《____》杂志的相关知识产权，包括但不限于杂志名称权、商标权、商标注册权、杂志文章著作权、版式设计权等。

第六条　乙方权利

6.1　乙方全权负责《＿＿》杂志的市场拓展、市场营销工作，对刊物的内容（人文科学、社会科学）、栏目、风格、定位、策划、印刷等经营业务拥有优先建议权，经甲方确认后组织实施。

6.2　乙方拥有在《＿＿》杂志上相应内容的署名权及广告、发行等业务的执行权。

第七条　甲方义务

甲方在合同有效期内根据国家有关新闻出版的政策、法律、法规，支持乙方的经营工作，为正常经营活动的开展提供合法手续和支持。

第八条　乙方义务

8.1　乙方必须保证《＿＿》杂志的健康、连续出版和发行。

8.2　乙方应严格根据《中华人民共和国广告法》执行广告经营和业务。

8.3　乙方需向甲方提交"营业执照""法人身份证"等证件复印件备案。

第九条　违约责任及违约赔偿

9.1　任何一方未履行本合同所规定的全部或部分责任，即视为该方违约。如违约方在违约行为开始后 10 日内仍未纠正其违约行为，则守约方可即时解除合同。

9.2　任何一方如因自己的行为或失误对他方造成不利影响，并损害到他方的经济利益，过错方应向无过错方承担一切责任和经济损失，主动采取积极措施挽回影响和损失，并应向无过错方赔偿相应的损失。

9.3　因政策变动或其他不可抗力造成合同无法履行的，合同自动终止，双方均不承担违约责任。

第十条 保密条款

双方承诺，关于双方往来所获知对方之商业、财务信息，无论口头或书面，除应政府部门或法律法规的强制性要求外，均不得对本合同以外第三人泄露，也不得利用其做本合同以外目的使用，此保密义务于本合同终止后仍然有效，且不因本合同的终止、失效、解除而失效。一方违反上述保密义务的，应当支付____元作为违约金。一方的违约行为给另一方造成损失的，应当赔偿守约方损失。

【说明】对于有期限的合同，应当明确保密条款的永久有效性。明确违约金可以降低举证难度，否则需要在发生纠纷时收集证明损失的相关证据，但违约金不宜超过合同标的的30%。

第十一条 适用法律与争议解决

本合同的成立、效力、解释、执行均适用中国相关法律。有关本合同的解释、履行、不履行等的纠纷，应尽最大努力通过友好协商或和解解决。但纠纷发生后90日内仍无法通过协商解决时，双方选择以下第____种方式解决纠纷。

（1）仲裁。

a）本条项下的仲裁，向____仲裁中心申请仲裁，并依当时有效的____仲裁中心仲裁规则进行仲裁。仲裁语言为中文。仲裁裁决是终局的且约束当事人，可在有管辖权的法院得到承认及执行。

b）除仲裁裁决另有规定之外，仲裁费用由败诉一方承担。

c）仲裁程序进行期间，除仲裁涉及的问题之外，双方应继续履行本合同。

（2）诉讼。

双方均可向____所在地有管辖权的法院提起诉讼。

【说明】对于不希望相关纠纷在公开渠道可查询的主体，可以在订立合同时选择仲裁条款。若选择诉讼，建议约定本方所在地有管辖权的法院。

第十二条 本合同自签字起生效，有效期一年。在合同履行完成后，若乙方有意继续合作，在同等条件下，有优先续约权。

第十三条 本合同一式两份，甲乙双方各执一份。

（以下无正文，以下为签名或盖章页）

甲方：（盖章）　　　　　乙方：（盖章）

授权代表签字：　　　　　授权代表签字：

日期：　　　　　　　　　日期：

三、知识产权权属管理合同

（一）起草合同关注要点

科研机构的知识产权管理中需要对其研发人员的技术成果知识产权进行明确约定。一般来说，职务技术成果归单位所有，但是若不经合同确认环节，研发人员往往由于缺乏法律知识而认识不到职务技术成果的归属问题，从而非常容易导致侵权；从科研机构的角度出发，将权属与奖励事宜与研发人员进行明确，可以起到保障科技成果不流失、降低侵权风险的效果。

知识产权权属管理合同需要重点关注以下条款：

（1）知识产权权属的确定。在合同中明确在哪些情况下产生的成果其知识产权归单位所有。对于难以认定的成果，可以通过科研机构与科研人员协商沟通后针对该成果签署权属合同，从而降低纠纷产生的可能性。

（2）职务发明奖励报酬的确定。通过合同明确奖励报酬的发放标准、发放方式。

（二）合同范本

职务作品著作权归属合同

甲方：【说明】写明名称、机构代码、地址、联系人、联系方式

乙方：【说明】写明身份证号码、联系电话

乙方系甲方公司职员，在工作期间创作完成文字作品《_____》。基于《_____》的创作是甲方交给乙方的工作任务，该作品系职务作品。现双方就该作品著作权进行如下约定：

（1）上述作品除署名权以外的著作权自作品完成之日起由甲方享有，乙方享有该作品的署名权。

（2）与本合同有关的任何争议或纠纷，甲乙双方应友好协商解决，协商不成的，双方同意提交甲方所在地有管辖权的人民法院起诉。

（3）本合同一式两份，自甲乙双方签章之日起生效，具有同等法律效力。

（以下无正文，以下为签名或盖章页）

甲方：（盖章）　　　　　　　　乙方：（签字）

授权代表签字：

日期：　　　　　　　　　　　　日期：

职务技术成果奖励合同

甲方：【说明】写明名称、机构代码、地址、联系人、联系方式

乙方：【说明】写明身份证号码、联系电话（可多人）

依据《中华人民共和国民法典》《中华人民共和国专利法》《中华人民共和国促进科技成果转化法》和有关法规的规定，甲乙双方就乙方作出的职务技术成果有关事项，经协商一致，达成如下合同，由签约双方共同恪守。

第一条 职务技术成果的界定

乙方在职期间所完成的技术成果为职务技术成果，包括但不限于以下类型：

（1）乙方在本职工作中完成的技术成果，包括但不限于乙方履行其在甲方的工作职责、承担甲方交其的任务等。

（2）乙方履行甲方交付的本职工作之外的任务所完成的技术成果。

（3）乙方利用甲方的物质技术条件作出的技术成果，"甲方的物质技术条件"包括但不限于甲方所有或甲方有权使用、支配的资金、设备、零部件、原材料、技术资料、信息等。

（4）单位派出参加国际合作的人员完成的技术成果，到其他单位进修、合作、工作的人员及临时聘用的国内外人员在学习和工作期间完成的技术成果。

（5）乙方退休、调离甲方后或者劳动、人事关系终止后1年内作出的，与乙方在甲方承担的本职工作或者甲方分配的任务有关的技术成果。

第二条 职务技术成果的权利归属

职务技术成果的知识产权属于甲方，甲方为权利人。乙方作为职务技术成果完成人享有法律法规规定的署名权及获得奖励和报酬的权利。

第三条 对职务技术成果的奖励和报酬

3.1 职务技术成果申请专利的，由甲方给予乙方奖励；专利获得实施

的，由甲方给予乙方报酬。

3.2 甲方就职务技术成果获得知识产权的，在授权之日起半年内给予职务技术成果发明人、设计人奖励，奖励标准如下：发明＿＿元／件；实用新型＿＿元／件；外观设计＿＿元／件。奖励分3部分发放：提交技术交底书后3个月内给予30%，提交专利申请后3个月内给予30%，专利授权后半年内给予40%。（以上奖励标准为对全体发明人、设计人的奖励总额，具体比例由全体发明人、设计人协商确定或由第一发明人、设计人在全体发明人中分配，分配比例为＿＿。）

3.3 甲方许可他人实施或者自行实施专利的，由甲方选择根据以下三档之一给予发明人、设计人报酬。报酬的数额根据专利实际收益情况分为三档：＿＿元、＿＿元、＿＿元。实际收益为许可费的＿＿%。（以上报酬标准为对全体发明人、设计人的报酬总额，具体比例由全体发明人、设计人协商确定或由第一发明人、设计人在全体发明人、设计人中分配。分配比例为＿＿。）

3.4 专利实施后的报酬于每年年底发放。甲方知识产权部负责留存发放发明人、设计人奖励报酬的发放记录，并存入专利档案。

3.5 甲方就职务技术成果申请专利后发明人、设计人离职的，不影响其获得奖励和报酬的权利。

3.6 甲方无法与已经离职的发明人、设计人取得联系的，将在甲方网站上公告可领取奖励和报酬的离职人员名单，奖励和报酬领取方式及联系人，公告期为3个月。公告期满后，仍未领取奖励和报酬的，视为发明人、设计人主动放弃。

3.7 有软件著作权登记、作为商业秘密保护或者采取其他知识产权保护的突出成果，由甲方评审后根据情况给予乙方适当奖励和实施后的报酬。

【说明】软件著作权、商业秘密的奖励并非法律的强制性规定，单位可以选择奖励或者不奖励，或者通过何种方式进行激励。

第四条　甲方的权利和义务

4.1　对于乙方完成的职务技术成果，由甲方进行审查并自行决定是否向中国专利行政部门申请专利或者向外国申请专利。

4.2　对于乙方完成的职务技术成果，甲方决定不申请专利、甲方撤回专利申请、专利申请被驳回、甲方的专利权被国家专利行政部门或司法机关宣告无效的，甲方不给予乙方任何奖励和报酬。乙方已经领取的奖励和报酬应当全额返还甲方。

第五条　乙方的权利

5.1　对于甲方获得专利权的由乙方完成的职务技术成果，乙方有权在中国或外国国家专利文件中写明自己是发明人、设计人。

5.2　乙方有权按照本合同规定要求甲方支付职务技术成果奖励和报酬。

5.3　乙方有权在个人简历、文章中提及甲方已经获得专利权的由乙方完成的职务技术成果，并且披露自己的发明人或设计人身份，但不得损害甲方利益。

第六条　乙方的义务

6.1　对于甲方给予乙方的职务技术成果奖励和报酬，乙方应依法缴纳个人所得税。

6.2　对于乙方作出的职务技术成果，除国家专利文件中已经公布的信息外，乙方保证不向本合同外第三方披露与该职务技术成果有关的全部技术和经营信息，包括但不限于测试数据、设备情况、工艺条件、技术指标、资金使用和流向、经费开支等。

6.3　乙方保证不自行将该职务技术成果以自己或本合同外第三方名义向中国或外国申请专利或进行其他类型的知识产权活动。

6.4　乙方保证记录和保留所有与职务技术成果有关的信息，并随时向甲方披露技术成果内容和进展。

6.5　乙方在完成职务技术成果期间制作和获得的一切文件资料、图纸、手册、报告、记录、信件、照片、电子文件和其他任何形式的载体都归甲方所有，乙方保证按照甲方的规章制度和甲方要求持有、保管、登记、向甲方交存。

6.6　因乙方辞职或其他原因与甲方终止劳动关系时，乙方须将全部研发成果、信息及载体交给甲方，并按照甲方要求办理手续。

6.7　乙方保证不向本合同外第三方披露本合同全部内容以及乙方每次从甲方获得的职务技术成果奖励和报酬数额及其他信息、甲方有关职务技术成果奖励制度、甲方的知识产权管理制度等。

6.8　乙方的保证义务和保密义务在乙方和甲方劳动关系存续期间及与甲方劳动关系终止后持续有效。

第七条　违约责任

7.1　乙方违反本合同第 6.2 条规定向他人披露职务技术成果之内容，造成甲方商业秘密泄露或无法申请专利的，视为乙方违约，乙方须向甲方支付违约金＿＿元，并赔偿甲方的全部损失。

7.2　乙方违反本合同第 6.3 条约定，未经甲方确认技术成果的性质，擅自以自己或本合同外第三方名义申请中国或外国专利或将专利申请权转让的，视为乙方违约，乙方须向甲方支付违约金＿＿元，并赔偿甲方的全部损失。

7.3　乙方违反本合同第 6.4 条、第 6.5 条、第 6.6 条、第 6.7 条、第 6.8 条约定，视为乙方违约，乙方须赔偿甲方的全部损失，损失的计算方式包括甲方利润减少损失、成本增加损失、乙方获利等，按照上述方式无法计算的，赔偿损失金额为＿＿元。

【说明】明确违约金可以降低举证难度，但劳动关系不可以在此类合同中约定固定违约金，因此只能采用兜底方式进行损失认定。

第八条　争议的解决

与本合同有关的任何争议，由甲乙双方友好协商解决。协商不成的，任何一方均有权【说明】可以选定一个仲裁机构或者约定向甲方所在地人民法院提起诉讼。

第九条　法律适用

本合同的形式、效力、解释、履行均适用中国法律。

第十条　生效

本合同自甲方加盖公章并经授权代表签字且乙方签字之日起生效。一式两份，甲乙双方各执一份，具有同等法律效力。

（以下无正文，以下为签名或盖章页）

甲方：（盖章）　　　　　　　乙方：（签字）

授权代表签字：

日期：　　　　　　　　　　　日期：

访问学者知识产权合同

甲方（学校或科研机构）：<u>【说明】写明名称、机构代码、地址、联系</u>
<u>人、联系方式</u>

乙方（访问学者）：<u>【说明】写明身份证号码、联系电话</u>

经甲方选拔推荐，____批准，乙方为国内/国外访问学者，培养期
为____年____月____日至____年____月____日。

乙方承诺：

（1）乙方在进修期间遵守甲方制度、接受甲方管理。

（2）访学期间乙方应以甲方教师或甲方科研人员名义从事教学科研
活动。

（3）乙方不向培养单位及其他单位或个人透露在甲方任职期间承担的
涉密项目内容。

（4）乙方在培养单位参与科研项目的，应当提前与甲方协商；甲方批
准的，定期向甲方汇报工作内容。

（5）乙方在获得甲方批准前，不得与培养单位或其他单位或个人私自
签署有关科技成果知识产权归属或授权的相关合同。

（以下无正文，以下为签名或盖章页）

甲方：（盖章）   乙方：（签字）

授权代表签字：

日期：   日期：

四、展会合同

（一）起草合同关注要点

学会在主办展会过程中，如果要委托会务公司处理会务工作，应当签订委托办会合同。需要注意的是，此类合同不能签订成联合办会合同。会议的策划、参展商的召集及会议在业内的影响力主要是由学会自身的权威性和影响力带来的。会务公司仅协助主办方处理会议组织、会议手续办理、会议秩序管理等事务性工作，对于会议的公信力和影响力等核心要素没有贡献，因此不宜作为会议主办方，而应作为办理会务工作的受托方。

展会经过长期举办会在其业内产生影响力和公信力，会议的名称、标识等同样会成为会议主办方的重要无形资产，应当管理好。在会务委托合同中，应当明确展会的名称、标识等重要的无形资产的权利归属和使用规则，以确保此类无形资产掌握在主办展会的学会手中。另外，要规范会议名称和标识的使用行为，规范对象不仅包括会务受托方，也包括展会参展商及学会会员。

（二）会务委托合同范本

会务委托合同

甲方：【说明】写明名称、机构代码、地址、联系人、联系方式

乙方：【说明】写明名称、机构代码、地址、联系人、联系方式

依据《中华人民共和国民法典》和有关法规的规定，甲乙双方就会务委托事项，经协商一致，达成如下合同，由签约双方共同恪守。

第一条 合作内容与要求

乙方根据甲方要求，为甲方的____（以下简称"展会"）提供【说明】填写具体服务内容，如标识及宣传物料的设计服务，具体内容范围包括但不限于：展会名称及标识等展会所需的中英文字体、文字版式、图案和宣传物料（包括但不限于海报、宣传册）等，甲方委托乙方设计的具体内容范围以结算单所列细目为准。甲方有权单方决定所需乙方完成的具体内容及结算单所列细目。乙方须确保服务品质，按甲方所确定的时间安排及质量要求完成工作。

第二条 时间

2.1 乙方在本合同项下的服务期间为：____年____月____日至____年____月____日。甲方有权依据展会的实际需求等变更并同乙方另行确定乙方服务期间，乙方应予以配合。

2.2 乙方应按照甲方确定的时间安排将其依本合同所应提交的设计方案、设计成果等提交甲方验收，并应在甲方所规定的期限内提交通过甲方验收的设计成果。

第三条 费用

3.1 本服务项目的计费方式为：____，具体费用以双方另行确认的结算单中的数额为准。

3.2 除结算单所明确列出的费用外，甲方无须向乙方支付任何其他费用，甲方亦无须向乙方的任何人员支付任何费用。

第四条 支付

4.1 乙方按照甲方的时间安排向甲方提交设计成果，设计成果全部通过甲方验收后，应按照结算单中的金额（请明确税后/税前）向甲方开具增值税专用发票。甲方在收到乙方提供的相应数额的增值税专用发票后的____个工作日内，向乙方支付设计费用。

4.2 乙方账户信息

乙方指定以下账户为收款账户，并承担相应责任。

户名：_____

账号：_____

开户行：_____

第五条 甲方的权利和义务

5.1 甲方应安排专人与乙方联络。

5.2 甲方应向乙方提供甲方认为乙方履行本合同所需的相关资料，并保证该资料不违反中华人民共和国法律。

5.3 甲方有权利对乙方工作内容进行监督。若甲方对乙方所提交之阶段方案有异议，甲方有权要求乙方进行调整；若乙方未按照双方共同确认的方向进行工作或提供的工作质量不符合甲方的要求，甲方有权推迟或停止履行甲方相应的责任和义务或解除本合同，且不再负有向乙方支付本合同项下费用的义务。

5.4 甲方有权对乙方提交的设计成果进行验收并提出修改意见，乙方有义务按照修改意见进行修改直至其所提交的设计成果全部经甲方验收通过为止。

5.5 乙方履行本合同过程中所产生的全部内容（包括但不限于设计方案、最终经甲方验收通过的设计成果、乙方履行本合同所产生的过程文件等）的著作权及其他相关知识产权均归甲方完全、独立所有。

第六条 乙方的权利和义务

6.1 乙方应安排专人与甲方联络。

6.2 乙方根据甲方的要求及时间安排工作，主要参照甲方提供资料并搜集必要相关资料。乙方应保证其搜集的所有资料有明确、合法的权利来源，不侵犯任何第三人的知识产权及其他合法权利，且不违反中华人民共和国法律，乙方有义务应甲方要求随时提供该资料的权利来源证明。若乙方在设计中即将使用或已使用任何非由乙方完全享有著作权的内容，须提前书面告知甲方该素材来源、乙方使用方式等，甲方有权拒绝乙方进行使用。

6.3 乙方应按照甲方确定的时间，在甲方规定的期限内完成工作并交付甲方进行验收，有义务按照甲方的修改意见进行修改直至甲方对服务内容验收通过为止。如在甲方规定的期限内乙方交付的服务内容未能得到甲方确认验收通过，乙方须按未按时完成所约定的项目内容承担违约责任。

6.4 乙方有义务对服务期间内从甲方处所获得的全部资料、乙方履行本合同所产生的全部工作成果（包括但不限于已完成或未完成的文件）等一切与本项目相关的信息予以保密，并在服务期间结束后移交甲方所有相关资料及服务内容，并应甲方要求及时删除备份。

6.5 未经甲方书面许可，乙方不得将其在本合同项下的义务之全部或部分转包、分包至第三方。

第七条 知识产权保护及保密责任

7.1 乙方因签署和履行本合同所产生的所有工作成果（包括但不限于设计方案、最终经甲方验收通过的设计成果、乙方履行本合同所产生的过程文件等任何相关文件、资料）及乙方从甲方处获得的任何信息、数据、资料的财产权、知识产权及其他权益均属甲方所有。未经甲方事先书面同意，乙方不得将其用于任何权利之注册或登记，亦不得将上述文件、资料的全部或部分及文件、资料中所包含之数据或事实在任何场合使用，或在向第三方提供服务过程中引用、发表、署名，或提供给任何第三方。乙方亦不得对外虚假声称对甲方该等知识产权享有所有权或其他权益。

7.2 乙方保证所搜集、提供的全部内容及工作成果均没有侵犯任何第三方的知识产权及其他权益。如任何第三方因甲方采用乙方的工作成果而针对甲方或甲方的客户提出任何权利主张（包括但不限于侵权索赔、行政投诉等），则乙方应立即按照甲方提出的要求采取措施，使甲方免受损失，并使展会的开办不受影响。乙方应承担甲方因此而可能承担的全部费用（包括但不限于第三方授权费、诉讼费、仲裁费、律师费、公证费等）、罚款、赔偿金和可得利益损失，并承担因此产生的一切不利后果和责任。如甲方要求，乙方应在此等事件发生后立即开始以自己的费用重新进行本合同项下的设计工作，并于____天内无偿向甲方提供不侵犯他人权利的、符合本合同约定的新的设计成果，使该事件不影响展会的开办。

7.3　乙方在为甲方提供服务的过程中获得的有关甲方的任何信息、数据、资料（不论是甲方提供或披露的还是乙方偶然获得的）及因本合同履行所取得的任何工作成果，均为保密信息。未经甲方事先书面同意，乙方不得将该等信息自行使用或披露给任何第三方。乙方同时保证，不在著作、会议、教学、媒体、论文等任何公开场合部分或全部引用、发表因履行本合同所获得有关甲方的任何案例、资料及因本合同履行所产生的任何工作成果。

7.4　乙方应告知并采取必要的有效措施保证参与本项目之乙方人员履行本合同项下的保密义务。若乙方人员违反本合同项下的保密义务，乙方应承担责任。

7.5　乙方违反上述保密义务的，应当支付____元作为违约金。乙方的违约行为甲方造成损失的，应当赔偿甲方损失。

【说明】明确违约金可以降低举证难度，否则需要在发生纠纷时收集证明损失的相关证据，但违约金不宜超过合同标的的30%。

第八条　合同的变更、解除和终止

8.1　本合同签订后即具有法律效力，除本合同另有约定外，任何一方不得无故变更、中止履行或解除、终止本合同，除非双方就有关事项达成新的约定。

8.2　甲方有权视项目实际情况，提前5个工作日书面通知乙方解除本合同，双方根据乙方已完成的工作进行结算。若乙方提出证据证明其已经支出了合理费用并经甲方书面认可后，甲方可另行支付相应费用。

8.3　若乙方提出的设计方案、设计成果等经多次修改仍无法达到甲方要求，甲方有权书面通知乙方解除本合同，双方根据乙方已进行的工作进行结算。若乙方提出证据证明其已经支出了合理费用并经甲方书面认可后，甲方可另行支付相应费用。

8.4　除上述情况外，若乙方有下述行为之一的，甲方亦有权立即解除本合同，并追究乙方的违约责任，要求乙方赔偿甲方所承受的一切损失：

（1）将本合同项下工作任务的全部或部分转包、分包至第三方；

（2）违反本合同关于知识产权及保密责任的约定；

（3）所提供的内容侵犯第三人知识产权等合法权益，使甲方及项目承受负面影响；

（4）其他违反本合同约定的行为。

第九条　违约责任

9.1　任何一方有证据表明对方已经、正在或将要违反本合同之重要约定，可以终止履行本合同，但应及时通知对方。若对方继续不履行、履行不当或者违反本合同之重要约定，该方可以解除本合同并要求对方赔偿损失。

9.2　因不可抗力而无法履行义务的一方，应在不可抗力发生的3天内，及时通知另一方。未履行及时通知义务并因此给对方造成损失的一方，须承担相应的赔偿责任。

9.3　一方因不可抗力确实无法履行义务，而造成损失的，不负赔偿责任。本合同所称不可抗力是指不能预见、不能克服并不能避免且对一方当事人造成重大影响的客观事件，包括但不限于自然灾害（如洪水、地震、火灾和风暴等）及社会事件（如战争、动乱等）。

9.4　如乙方逾期未按时完成所约定的项目内容，除不可抗力和完全非乙方责任外，乙方应付甲方违约金，违约金的计算方式为每逾期一星期支付本合同总金额的5%，不足一星期的延误日数按一星期计算，由甲方在付款时扣除。

9.5 除不可抗力及本合同约定可以终止、解除合同的情况外，若甲方单方解除合同，应当支付____元作为违约金。

【说明】明确违约金可以降低举证难度，否则需要在发生纠纷时收集证明损失的相关证据，但违约金不宜超过合同标的的 30%。

9.6 如乙方提交的项目设计成果与甲方要求严重不符，甲方有权拒绝验收和支付合同尾款。乙方须赔偿由此给甲方造成的一切损失，且乙方提交的项目成果之所有权利仍归属甲方。

第十条　合同的生效、终止及其他

10.1 本合同自双方签字或盖章之日起生效，至履行完毕之日自动终止，本合同一式二份，甲乙双方各执一份。

10.2 双方均有就本合同对外保密的责任。

10.3 本合同之解除或终止不影响本合同关于知识产权归属、违约责任、保密义务及争议解决等之约定的效力。

10.4 本合同执行过程中，所有附件及补充合同经甲乙双方协商签订，自双方签字盖章之日起生效，属本合同的组成部分。

10.5 本合同若有未尽事宜，由双方友好协商解决。

第十一条　适用法律与争议解决

本合同的成立、效力、解释、执行均适用中国相关法律。有关本合同的解释、履行、不履行等的纠纷，应尽最大努力通过友好协商或和解解决。但纠纷发生后 90 日内仍无法通过协商解决时，双方选择以下第____种方式解决纠纷。

（1）仲裁。

a）本条项下的仲裁，向____仲裁中心申请仲裁，并依当时有效的____仲裁中心仲裁规则进行仲裁。仲裁语言为中文。仲裁裁决是终局的且约束当事人，可在有管辖权的法院得到承认及执行。

b）除仲裁裁决另有规定之外，仲裁费用由败诉一方承担。

c）仲裁程序进行期间，除仲裁涉及的问题之外，双方应继续履行本合同。

（2）诉讼。

双方均可向____所在地有管辖权的法院提起诉讼。

【说明】对于不希望相关纠纷在公开渠道可查询的主体，可以在订立合同时选择仲裁条款。若选择诉讼，建议约定本方所在地有管辖权的法院。

（以下无正文，以下为签名或盖章页）

甲方：（盖章）　　　　　　乙方：（盖章）

授权代表签字：　　　　　　授权代表签字：

日期：　　　　　　　　　　日期：

五、知识产权委托代理合同

（一）起草合同关注要点

知识产权委托代理合同需要重点关注以下条款：

（1）代理费用是否合理。以专利代理为例，专利代理机构向委托人收取的费用主要包括"官方费用"和"服务费用"两类。其中，"官方费用"是指向国家知识产权局缴纳的申请费、审查费、注册费、登记费等，由官方定价；而"服务费用"则是代理机构向委托人收取的办理委托事务的费用，由代理机构自主定价。以专利代理为例，因单一发明专利的"服务费用"从几千元至上万元不等，须结合技术领域、技术复杂度、拟委托专利代理机构专业度、知名度、授权率、客户认可度等因素综合确定。

（2）收费方式是否合理。"官方费用"在收到代理机构提供的缴费通知后可以预先支付，但是"服务费用"应当采取"预付款＋尾款"的支付方式，建议预付款的比例不超过30%。

（3）是否设置服务时限。委托人应在合同中约定代理机构开始办理委托事项的时间，以及向委托人提供申请文件或登记文件初稿的截止日期、向国家知识产权局提交申请或注册的截止日期、向委托人提供受理通知书的截止日期等相关服务时限。

（4）不要设置排他性合作条款。排他性合作会限制委托人对代理机构的自由选择，尤其是当受托代理机构不能很好地完成委托人的委托事项时，解除合同又需要耗费一定的时间，只要合同中没有排他性合作条款，委托人就可以随时委托其他代理机构提供服务。

（5）违约责任是否合理。违约责任的设置是为了督促代理机构更好地履行合同。针对代理机构服务时限逾期、服务质量较差、违背承诺事项等违约行为，委托人可以在合同中设置较为严格的违约责任，可在代理合同中明确约定：如果代理机构存在前述违约行为，则代理机构应当全额退还委托人已支付的合同款项，并按照合同金额30%向委托人支付违约金及维权费用（包括但不限于诉讼费、鉴定费、律师费、差旅费等）。

（6）是否设置保密条款。专利授权前、商标申请前及欲登记的著作权作品往往都是商业秘密，因此需要在知识产权委托代理合同中设置保密条款，明确约定代理机构和代理人员的保密责任和义务，并应当针对保密责任设置保密违约条款，建议采用违约金的方式，约定一旦代理机构或代理人员违反合同保密约定，则应当向委托人支付固定金额的违约金。

（7）是否设置合同解除条款。合同解除条款在专利代理合同中约定的情形较多。由于发明专利授权周期较长，如果专利代理机构怠于履行合同义务，会导致委托人专利申请进度缓慢。因此建议在专利代理合同中约定委托人享有合同单方解除权，如果专利代理机构存在选派不合适的专利代理师、承诺的服务时限超期、服务质量差等情况时，委托人有权无条件单方解除合同，并要求专利代理机构承担违约责任。

（二）合同范本

商标申请委托代理合同

甲方（委托方）：【说明】写明名称、机构代码、地址、联系人、联系方式

乙方（受托方）：【说明】写明名称、机构代码、地址、联系人、联系方式

依据《中华人民共和国民法典》和有关法规的规定，甲乙双方就商标申请事务，经协商一致，达成如下合同，由签约双方共同恪守。

第一条 服务内容

1.1 乙方同意接受甲方的委托，为甲方代理商标申请业务：

1.2 申请商标的详细内容如下：

商标名称：＿＿＿＿＿＿＿＿＿

商标类别：＿＿＿＿＿＿＿＿＿

商标图形：＿＿＿＿＿＿＿＿＿

1.3 乙方工作内容：□代理报送 □代写文书 □代发文书

1.4 乙方联系方式如下：

联系人：＿＿＿＿＿＿＿＿＿

电话：＿＿＿＿＿＿＿＿＿

邮箱：＿＿＿＿＿＿＿＿＿

【说明】商标申请资料及商标样板可在附件中详细说明。

1.5 申请流程：商标查询；递交申请；下达商标受理书；实质审查通过；商标公告；公告3个月无人提出异议；下达商标注册证。

第二条 服务期限

商标注册服务期限为自本合同签订之日起至国家商标局下发商标注册证书或驳回裁定之日止。

第三条　甲乙双方权利及义务

1.1　甲方有权监督乙方相关事项的工作。

1.2　甲方联系方式（电话）若有变动应及时告知乙方。

1.3　乙方须积极维护甲方的合法权益，不得随意更改商标代理事项。

1.4　乙方应当尽到及时通知义务，按照约定的方式将代理事项通知甲方。

1.5　乙方有义务维护甲方的合法利益，保护所知悉的甲方商业秘密，未经甲方同意，乙方不得向与本次代理事宜无关的第三方泄露本合同事项，不得向与本次代理事宜无关的第三方泄露甲方的知识产权及相关资料和信息。保密义务直至商业秘密信息依法公开披露方书面通知解密而不需保密时止。一方违反上述保密义务的，应当支付____元作为违约金。一方的违约行为给另一方造成损失的，还应当赔偿守约方损失。

【说明】明确违约金可以降低举证难度，否则需要在发生纠纷时收集证明损失的相关证据，但违约金不宜超过合同标的的30%。

1.6　乙方应根据法律法规忠实勤勉地实施商标代理工作。在本合同履行的过程中，乙方有义务随时解答甲方提出的与本合同委托事项相关的问题。

第四条　总费用

商标服务总费用为人民币____元（大写____），甲方于签订本合同之日起____个工作日内将款项付给乙方。

第五条　适用法律与争议解决

本合同的成立、效力、解释、执行均适用中国相关法律。有关本合同的解释、履行、不履行等的纠纷，应尽最大努力通过友好协商或和解解决。但纠纷发生后90日内仍无法通过协商解决时，双方选择以下____种方式解决纠纷。

（1）仲裁。

a）本条项下的仲裁，向____仲裁中心申请仲裁，并依当时有效的____仲裁中心仲裁规则进行仲裁。仲裁语言为中文。仲裁裁决是终局的且约束当事人，可在有管辖权的法院得到承认及执行。

b）除仲裁裁决另有规定之外，仲裁费用由败诉一方承担。

c）仲裁程序进行期间，除仲裁涉及的问题之外，双方应继续履行本合同。

（2）诉讼。

双方均可向____所在地有管辖权的法院提起诉讼。

【说明】对于不希望相关纠纷在公开渠道可查询的主体，可以在订立合同时选择仲裁条款。若选择诉讼，建议约定己方所在地有管辖权的法院。

第六条　其他

本合同一式两份，自双方签字之日起生效。

（以下无正文，以下为签名或盖章页）

甲方：（盖章）　　　　　　　乙方：（盖章）

授权代表签字：　　　　　　　授权代表签字：

日期：　　　　　　　　　　　日期：

专利申请委托代理合同

甲方（委托方）:【说明】写明名称、机构代码、地址、联系人、联系方式

乙方（受托方）:【说明】写明名称、机构代码、地址、联系人、联系方式

依据《中华人民共和国民法典》和有关法规的规定，甲乙双方就专利代理事务，经协商一致，达成如下合同，由签约双方共同恪守。

第一条　乙方愿意在本合同约定项下接受甲方委托，并指派乙方律师代理委托事项。

第二条　甲方愿意在本合同约定项下委托乙方办理委托事项。

第三条　甲方委托乙方代理如下事项：撰写发明专利申请文件；提出专利申请；答复审查意见及修改专利申请文件；办理授权登记手续。乙方向专利局正式提交申请前，必须将申请文件交甲方审核确认。

第四条　专利代理服务费

4.1 甲乙双方同意，甲方应在本合同签署后 10 个工作日内向乙方支付第一件专利申请的专利代理服务费，费用数额为＿＿＿元 / 件。

4.2 如果此后有后续专利申请，其代理服务费由甲方在提交相应的技术交底书后 10 个工作日内向乙方支付，费用数额为＿＿＿元 / 件。

第五条　官方的专利费用

申请专利过程中需要按照法律规定向国家知识产权局缴纳的官方专利费用由甲方承担，乙方代理甲方办理缴费手续，并将国家知识产权局出具的缴费收据及时交付甲方。

第六条 甲方义务

6.1 甲方应向乙方提供为顺利完成委托事项所需要的一切必要的资料和支持，包括但不限于发明创造的技术交底书、与发明创造相关的现有技术资料、对技术方案及未来应用场景的解释等。

6.2 对于乙方针对审查意见的答复方案、申请文件的修改方案等，甲方应当及时进行审核和确认。

6.3 甲方应按本合同的约定支付费用。

第七条 乙方义务

7.1 乙方对受托事项应尽职尽责，以其专业能力妥善办理委托事项，及时向甲方汇报委托事项的进展情况，接受甲方的指示。

7.2 乙方有义务维护甲方的合法利益，保护所知悉的甲方商业秘密，未经甲方同意，乙方不得向与本次代理事宜无关的第三方泄露本合同事项，不得向与本次代理事宜无关的第三方泄露甲方的知识产权及相关资料和信息。保密义务直至商业秘密信息依法公开披露或书面通知解密而不需保密时止。一方违反上述保密义务的，应当支付____元作为违约金。一方的违约行为给另一方造成损失的，还应当赔偿守约方损失。

【说明】明确违约金可以降低举证难度，否则需要在发生纠纷时收集证明损失的相关证据，但违约金不宜超过合同标的的30%。

7.3 乙方应在甲方提交完整的技术资料并不需甲方进一步补充相关资料后10个工作日内完成申请文件，并提交甲方确认。乙方应在申请文件经甲方确认后7个工作日内向国家知识产权局提交申请。

第八条 代理服务费支付

甲方应将代理服务费付至如下账户：

户名：_____

账号：_____

开户行：_____

地址：_____

行号：＿＿＿＿＿＿＿＿＿＿＿＿＿＿＿＿＿＿＿

第九条　适用法律与争议解决

本合同的成立、效力、解释、执行均适用中国相关法律。有关本合同的解释、履行、不履行等的纠纷，应尽最大努力通过友好协商或和解解决。但纠纷发生后90日内仍无法通过协商解决时，双方选择以下第＿＿种方式解决纠纷。

（1）仲裁。

a）本条项下的仲裁，向＿＿＿仲裁中心申请仲裁，并依当时有效的＿＿＿仲裁中心仲裁规则进行仲裁。仲裁语言为中文。仲裁裁决是终局的且约束当事人，可在有管辖权的法院得到承认及执行。

b）除仲裁裁决另有规定之外，仲裁费用由败诉一方承担。

c）仲裁程序进行期间，除仲裁涉及的问题之外，双方应继续履行本合同。

（2）诉讼。

双方均可向＿＿＿所在地有管辖权的法院提起诉讼。

【说明】对于不希望相关纠纷在公开渠道可查询的主体，可以在订立合同时选择仲裁条款。若选择诉讼，建议约定己方所在地有管辖权的法院。

第十条　附则

（一）本合同一式两份，甲乙双方各执一份，经双方盖章后生效。

（二）本合同有效期为3年，在本合同有效期内甲乙双方按本合同约定履行各自义务，但不影响乙方的保密义务。

（三）本合同如有未尽事宜，双方另行协商并订立本合同附件。

（以下无正文，以下为签名或盖章页）

甲方：（盖章）　　　　　　　乙方：（盖章）

授权代表签字：　　　　　　　授权代表签字：

日期：　　　　　　　　　　　日期：

著作权登记委托代理合同

甲方（委托方）：【说明】写明名称、机构代码、地址、联系人、联系方式

乙方（受托方）：【说明】写明名称、机构代码、地址、联系人、联系方式

依据《中华人民共和国民法典》和有关法规的规定，甲乙双方就著作权登记代理事务，经协商一致，达成如下合同，由签约双方共同恪守。

第一条　服务内容

1.1　甲方委托乙方办理以下著作权登记事务：

作品名称：_____

作品附件：_____

1.2　乙方负责办理著作权登记的所有事宜，在甲方提供的文件齐全后递交到国家版权局，并在受理之日起____个工作日拿到著作权登记证书。甲方应当及时配合乙方完成委托的著作权登记事项。

1.3　乙方联系方式如下：

联系人_____

电话_____

邮箱_____

第二条　甲乙双方权利及义务

2.1　甲方有权监督乙方相关事项的工作。

2.2　甲方联系方式（电话）若有变动应及时告知乙方。

2.3　乙方须积极维护甲方的合法权益，不得随意更改著作权登记代理事项。

2.4　乙方应当尽到及时通知义务，通过电子邮件方式将代理事项通知甲方。

2.5　乙方有义务维护甲方的合法利益，保护所知悉的甲方商业秘密，

未经甲方同意，乙方不得向与本次代理事宜无关的第三方泄露本合同事项，不得向与本次代理事宜无关的第三方泄露甲方的知识产权及相关资料和信息。保密义务直至商业秘密信息依法公开披露方书面通知解密而不需保密时止。一方违反上述保密义务的，应当支付____元作为违约金。一方的违约行为给另一方造成损失的，还应当赔偿守约方损失。

【说明】明确违约金可以降低举证难度，否则需要在发生纠纷时收集证明损失的相关证据，但违约金不宜超过合同标的的30%。

2.6　乙方应根据法律法规忠实勤勉地实施著作权登记代理工作。在本合同履行的过程中，乙方有义务随时解答甲方提出的与本合同委托事项相关的问题。

第三条　总费用

服务总费用为人民币____元（大写:____），甲方于签订合同之日起____个工作日内将款项付给乙方。

第四条　适用法律与争议解决

本合同的成立、效力、解释、执行均适用中国相关法律。有关本合同的解释、履行、不履行等的纠纷，应尽最大努力通过友好协商或和解解决。但纠纷发生后90日内仍无法通过协商解决时，双方选择以下第____种方式解决纠纷。

（1）仲裁。

a）本条项下的仲裁，向____仲裁中心申请仲裁，并依当时有效的____仲裁中心仲裁规则进行仲裁。仲裁语言为中文。仲裁裁决是终局的且约束当事人，可在有管辖权的法院得到承认及执行。

b）除仲裁裁决另有规定之外，仲裁费用由败诉一方承担。

c）仲裁程序进行期间，除仲裁涉及的问题之外，双方应继续履行本合同。

（2）诉讼。

双方均可向____所在地有管辖权的法院提起诉讼。

【说明】对于不希望相关纠纷在公开渠道可查询的主体，可以在订立合同时选择仲裁条款。若选择诉讼，建议约定己方所在地有管辖权的法院。

第五条　其他

本合同一式两份，双方各执一份，具有同等效力，自双方签字之日起生效。

（以下无正文，以下为签名或盖章页）

甲方：（盖章）　　　　　　乙方：（盖章）

授权代表签字：　　　　　　授权代表签字：

日期：　　　　　　　　　　日期：

致　谢

　　本书从项目策划到最终出版历时 2 年有余，编写组先后蹲点调研 10 余家全国学会，梳理科研活动相关法律问题 100 余个，通过检索分析科研领域典型案例及裁判文书，逐步形成 36 份常用协议范本，在征求全国学会代表、科技工作者代表、法律专家等意见后，经反复修改形成本书最终内容。

　　本书由申金升、刘亚东、朱文辉、李芳负责总体策划，侯米兰、宋飞云、王冠、王辛未负责总体编写、具体工作策划、框架设计及统稿工作。在此感谢所有参与调研的全国学会为本书案例及协议范本形成所作出的巨大付出，特别感谢张永华律师团队提供法律支持，衷心感谢我国著名知识产权专家李顺德及崔国振、王淇、赵启杉、许波、郭伟红等法律专家为本书提出宝贵修改意见，一并感谢所有为本书付出努力或提供帮助的各界人士。

　　协议范本是全国学会、会员机构及科技工作者最为紧缺和急需的法律工具，本书编写过程中常有学会和科技工作者咨询书籍进度，盼望本书早日问世。本书编写虽力求尽善尽美，几易其稿，无奈时间实属仓促，笔力、能力亦有所不逮，内容难免有不足疏漏之处，感谢全国学会、科技工作者、法律工作者及广大读者的批评指正。

　　"致广大而尽精微。"我们深知，全国学会法律服务体系建设及完善是一个系统性、复杂性的工程，仍有很长的路要走，还需继续做好绣花功夫，走精细化、科学化、规范化发展之路。"道阻且长，行则将至。"我们希望更多的法律界、科技界人士加入进来，共同搭建科技界与法律界的桥梁，充分发挥法律对中国特色一流学会、世界一流期刊、科技工作者权益保护、科技经济融合的保障作用，共筑科协法律服务的美好明天！

本书编写组

2022 年 3 月于北京